CHINA
Family Development Report

中国家庭发展报告 2014

国家卫生和计划生育委员会 编

中国人口出版社
China Population Publishing House
全国百佳出版单位

图书在版编目（CIP）数据

中国家庭发展报告. 2014／国家卫生和计划生育委员会编. —北京：中国人口出版社，2014. 5
ISBN 978-7-5101-2487-7

Ⅰ. ①中… Ⅱ. ①国… Ⅲ. ①家庭问题—研究报告—中国—2014 Ⅳ. ①D669. 1

中国版本图书馆 CIP 数据核字（2014）第 086391 号

中国家庭发展报告 2014

国家卫生和计划生育委员会 编

出版发行	中国人口出版社
印　　刷	小森印刷（北京）有限公司
开　　本	787 毫米×1092 毫米 1/16
印　　张	12
字　　数	350 千字
版　　次	2014 年 5 月第 1 版
印　　次	2014 年 5 月第 1 次印刷
书　　号	ISBN 978-7-5101-2487-7
定　　价	58.00 元

社　　长	陶庆军
网　　址	www.rkcbs.net
电子信箱	rkcbs@126.com
总编室电话	（010）83519392
发行部电话	（010）83530809
传　　真	（010）83519401
地　　址	北京市西城区广安门南街 80 号中加大厦
邮　　编	100054

前　言

2014 年是“国际家庭年”20 周年。20 年来，世界各国的家庭正经历史无前例的变化和发展，家庭发展和家庭政策日渐成为国际社会普遍关心的议题。越来越多的国家认识到家庭在推进社会发展中的重要作用，纷纷完善家庭发展政策，提高家庭福利水平，增强家庭发展能力。

随着经济发展和社会转型，中国家庭正经历着深刻的变化，同时也面临着前所未有的挑战。中国家庭发展具有鲜明的特点：一是家庭数量居世界之首，共有家庭户 4.3 亿户左右，占世界家庭户总数的 1/5 左右。二是家庭规模日益小型化，平均家庭户规模为 3.02 人。三是家庭类型更加多样化，核心家庭比重持续下降，独居老人比例有所升高，单亲家庭、丁克家庭、隔代家庭等快速增长。流动人口举家迁移的趋势日益明显，流动家庭和留守家庭大量出现。四是计划生育家庭成为主体。据测算，目前中国计划生育家庭为 3 亿户左右，占全国家庭户总数的 70% 左右。五是民主、平等的新型家庭关系在越来越多的家庭中确立。六是家庭功能重心转向情感、消费、照料、安全和娱乐等，经济功能收缩。快速的人口老龄化给家庭养老带来日益严峻的挑战，家庭对外部支持的依赖程度越来越高。

党中央、国务院高度重视家庭发展工作，在改善民生、促进家庭发展方面，进行了一系列富有成效的探索和实践。一是将提高家庭发展能力、促进家庭和谐幸福列入国家发展战略，提出在优生优育、青少年成长、家庭保健和养老保障等方面，加快建立中国特色的家庭政策体系。二是党的十八届三中全会作出调整完善生育政策、启动实施单独两孩政策的决策部署，有利于促进人口长期均衡发展，促进家庭幸福与社会和谐。三是计划生育家庭利益导向政策体系不断完善，各地以“关爱女孩行动”、“创建幸福家庭活动”、“新家庭计划——家庭发展能力建设”项目等为载体，针对计划生育女孩家庭、计划生育特殊困难家庭及婴幼儿、青少年、老年人等重点人群，广泛开展关怀服务活动。

2013 年，新组建的国家卫生和计划生育委员会设立了计划生育家庭发展司，组织专家学者开展家庭发展问题研究，在广泛征求各方意见的基础上，形成了这部《中国家庭发展报告 2014》，是首部由中国政府部门发布的、全面展现中国家庭发展状况的研究报告。

报告共分十章，分别阐述了中国家庭变迁的特点和趋势、家庭户的数量与规模、家庭的类型与结构、家庭关系、家庭功能等内容，总结了在人口政策、城镇化和老龄化背景下中国家庭的发展与变化特征，分析了影响家庭发展的各种因素，提出了未来中国家庭发展的政策思路和方向。

家庭发展工作离不开各级政府、相关部门、科研机构、新闻媒体、社会各界的共同关注和支持。我们坚信，只要

13 亿人民携手同心，汇聚力量，就一定能托起“人人健康，家家幸福”的“家庭梦”，一定能实现中华民族伟大复兴的“中国梦”！

PREFACE

The year 2014 marks the 20th anniversary of the International Year of Families (IYF). Over the past 20 years, families from all around the world have undergone unprecedented changes and development. And issues concerning family development and family policies have extensively been on the international agenda. An increasing number of countries have realized the importance of family in promoting social development, and therefore have been improving family policies so as to enhance family welfare and to boost family development capability.

As the country undergoes economic growth and social transformation, Chinese families are experiencing profound changes and are also faced with unprecedented challenges. Family development in China shows distinct characteristics. First, China has the largest number of families in the world. There are around 430 million households in China, accounting for more than 20% of the world's total. Second, Chinese family size becomes increasingly smaller. There are 3.02 people in a Chinese household on average. Third, family types are diversified, marked by a dropping proportion of nuclear families and a rising proportion of one – elderly households. Meanwhile, there have been a rapidly increasing number of single – parent families, DINK (Dual income, No kids) families and grandparent families. The migrant population is more likely to take their whole families with them when they move around. And the migrant families and left – behind families are booming to a large scale. Fourth, families abiding by the family planning policy account for the largest share of all Chinese families. It is estimated that there are currently 300 million households that have complied with the family planning policy, taking up around 70% of the country's total. Fifth, an increasing number of families have witnessed the establishment of a new family relationship of democracy and equality. Sixth, family functions have also gone through transformation that emotions, consumption, mutual – care, security and entertainment are more highlighted while economic function has been shrinking. Rapid ageing has brought serious challenges to home care for the elderly and families have become more dependent on outside world.

The CPC Central Committee and the State Council have been committed to family development and have taken various effective exploration and practices to improve people's lives and to promote family development. First, The 12th Five – Year Plan for National Population Development has identified improving family development capability and promoting family harmony and happiness as important tasks, and announced to establish a family policy framework with Chinese characteristics to enhance family functions in quality childbirth, youth growth, family health and elderly security. Second, the 3rd Plenary Session of the 18th CPC Central Committee has adjusted and improved birth policies and launched the policy allowing a couple to have two children if one of the parents is an only child, so as to promote the long - term balanced development of population as well as family happiness and social harmony. Third, the incentive mechanism for families abiding by the family planning policy is improving continuously. Based on the existing local campaigns such as "Caring for Girls", "Building Happy Family" and "New Family Initiative—Enhancing Family Development Capability", China can roll out more capacity - building and service campaigns targeting at families whose only children are girls, at families having difficulties complying with the birth policy, and also at infants, teenagers and the elderly.

In 2013, the newly established National Health and Family Planning Commission (NHFPC) set up the Department of Family Development and organized experts and scholars to conduct research on family development, listened to opinions from all walks of life and finally formulated the China Family Development Report 2014 (hereafter "the Report").

The Report is the first document released by the Chinese government to present an overall picture of family development in the country. Composed of ten chapters, the Report discusses the features and trend of family changes, the number and size of households, family types and structures, family relationships and family functions. It also summarizes the development and changes of Chinese families against the backdrop of the population policies, the urbanization and the ageing society, and it further analyses the factors influencing family development and tries to point out future policy orientations in China.

The success of family development will not be possible without the synergy of governments at all levels, agencies, research institutions and the media. We firmly believe that with 1.3 billion people hand in hand and all the wisdom and strength gathered, the Family Dream of "Healthy People, Happy Families" and the Chinese Dream of National Rejuvenation will be realized by all means.

目 录

CONTENTS

CONTENTS

第一章

家庭变迁

家庭变迁是社会变迁的缩影，是现代化的一个重要方面。在现代化大潮的推动下，中国的家庭经历了全方位、整体性的快速变迁，进入21世纪以后，家庭又出现了一系列新的变化趋势。特殊的历史和现实背景使中国家庭变迁的路径、模式和动力结构都独具特色。

家庭是由婚姻、血缘或收养等关系所组成的生活共同体，是人口再生产、物质生活再生产和文化再生产的社会基本单元。家庭是人类社会最古老、最具生命力的制度安排，不管其他组织形式如何生灭兴衰，家庭一直生生不息，绵绵不绝。

中国是世界上家庭户数量最多的国家。在全球性的家庭变迁中，中国的家庭变迁独具特色，在家庭发展的各个方面都发生了显著变化，并且对世界家庭发展产生着重要影响。

一、家庭变迁的社会背景

当代中国的家庭正处于变迁之中，其变化之迅猛、内容之深刻、特点之鲜明、影响之深远，都超出了人们的预料。在社会现代化进程中，价值观念、技术革命、工作方式、生活方式、收入水平、福利制度、城镇化、社会流动、社会性别关系和女性发展、人口转变以及居住条件、交通和通信等方面的发展，都给家庭带来巨大影响，促进了家庭观念、家庭伦理、家庭形态、家庭关系、家庭结构、家庭功能，以及家庭与社会关系等各个方面的深刻变化。

中国当代的家庭变迁，既有与其他国家和地区相似的现代化背景，又有特殊的社会背景和历史背景。

（一）现代化带来了婚育和家庭观念的变革

新中国成立以来的巨大社会进步，尤其是改革开放带来的现代化，是促进家庭变迁的基本动力。在现代化的大潮中，原有家庭形态所依赖的经济、社会结构都发生了改变。

个人自我意识的觉醒、社会平等、妇女解放、婚姻自主、教育和就业发展，把人们从封建婚姻家庭观念的束缚下解放出来；尊重和保护个人权利、社会性别平等、代际关系平等以及强调权利与义务均衡的婚姻、家庭和财产继承等方面的制度安排，取代了封建的婚姻家庭制度，家庭成员的独立人格和权利得到尊重，家庭的私人生活得到保护，婚姻和生育的目的也发生了改变，为现代的新型家庭关系的发展奠定了基础；改革开放和思想解放带来了社会生活的变化，价值观趋于多元。同时，西方文化观念的浸入也直接影响到人们的观念和行为，尤其是对年轻人的价值观念和生活方式产生了重要影响。

（二）经济发展和技术进步改变了人们的生活方式

新中国成立后，工业化的快速发展促进了城市居民家庭的变化，尤其是妇女走出家庭参与经济活动，在一定程度上改变了家庭的性别分工模式。改革开放后的经济高速增长和技术进步把中国带入了一个物质较为丰富的时期，生产方式的变革改变了人们的生活方式和家庭的物质生活形态：一是工业化带来工作方式、收入方式的转变；二是收入水平的大幅度提高带来消费方式和居住方式的改变；三是生命科学、医疗卫生、避孕节育、信息、通信、交通以及消费等方面的技术进步及其普及，提高了家庭的发展能力和生活质量。这些变化导致了家庭收入结构、家庭财产形成和形式、家庭分工模式、家庭资源配置和家庭功能等方面的变化，进而影响到家庭关系和家庭动态的其他方面。

（三）社会体制变革促进了家庭功能的转变

首先，农村土地使用权制度的改革改变了农村社会的经济基础和社会结构。土地联产承包责任制的推行，使得原来在人民公社制度下消失的家庭生产功能在一夜之间复活，家庭不再是一个简单的集体资源分配单位，而是变成了一个具有明确利益边界的、独立的生产单位。其次，社会管理体制的改革调整了个人与国家的关系，个人的社会身份从“单位人”转变为“社会人”，个人的权利和自由空间逐步扩大，个人和家庭的私人领域边界更加明确。第三，市场经济体制改革激发了个人和家庭发展的积极性，促进了社会流动。第四，社会转型给个人带来风险和不确定性，家庭仍是个人的安全壁垒，因此，中国仍是一个普婚普育的社会。第五，社会保障制度和公共服务体系的建立改变了家庭代际关系和养老方式，弱化了“养儿防老”的生育观念。

（四）城镇化和人口流动给家庭带来多重影响

城镇化和人口流动是影响家庭变迁的重要因素，它们不仅给城镇居民的婚姻、生育和家庭等方面带来直接影响，同时也带来了农村居民家庭的变化，尤其造成了农村老年空巢家庭增加。更为特殊的是，在其他国家工业化过程中普遍出现的乡－城的人口迁移，由于户籍制度造就的社会二元结构，使其在中国异化为乡－城人口流动，导致了大批流动人口的家庭生活分离，在农村形成了大量的“留守家庭”，在城市形成了"流动家庭"。人口流动给农村居民家庭带来双重影响：一方面，促进了农村剩余劳动力的转移，增加了家庭收入，并在婚姻、生育和家庭观念上受到现代化的积极影响；另一方面，破坏了家庭生活的完整性，导致了家庭生活安排的分离，削弱了家庭功能。

（五）人口转变加速了家庭动态变化

人口的迅速转变是导致中国家庭迅速变迁的关键因素。由于生活水平的提高和医疗卫生条件的改善，新中国成立之初，人口死亡率就出现了显著下降。随着社会经济的进一步发展，人口的平均预期寿命不断延长，第六次全国人口普查数据显示，2010 年平均预期寿命已经达到 74.8 岁。另一个突出的人口变化是生育率的快速下降，并且在更替水平之下持续了二十多年。人口转变直接带来家庭的一系列变化，包括家庭规模小型化、家庭结构简单化、家庭类型的多样化，以及家庭功能和家庭生命周期的变化。此外，人口转变导致的老龄化增加了家庭养老压力，网络式家庭出现，亲代核心家庭和子代核心家庭重新组合的直系家庭逐步增多。

二、家庭变迁的主要趋势

家庭变迁是社会变迁的缩影和写照，是现代化的一个重要方面。当代中国的家庭变迁呈现出多种形态、多种路径和模式、多元动力、现代与传统兼容的变化格局。

专栏 1-1 中国城市家庭变迁的趋势和最新发现

中国社会科学院社会学研究所2008年对广州、杭州、郑州、兰州和哈尔滨5个城市居民家庭调查数据的研究结果表明：在中国城市家庭变迁过程中，传统与现代因素之间不是对立的，而是相互融合，甚至相互补充的，在不同的情境下出现不同的组合，因此中国城市家庭的变迁模式和路径是多元的、多因素推进的。该研究发现：(1) 婚姻自主性在增强；(2) 初婚年龄有所上升；(3) 婚后独立门户比例有所增加；(4) 核心家庭依然是占据主导地位的家庭结构，但夫妻家庭的比例在上升，联合家庭近于消失；(5) 夫妻关系更为平等；(6) 婚姻成本上升，双方父母的经济资助增加，资助差距拉大；(7) 婚姻自主，但不自立；(8) 女性就业率明显下降，在一定程度上影响着夫妻关系；(9) 中国城市亲属制度的特征表现为核心家庭网络化，核心家庭都不是一个孤立的结构。

（一）中国的家庭变迁是全方位、系统性的，涉及家庭的各个方面，概括而言，主要发生了十个方面的显著变化

1. 家庭形成机制多元化

婚姻是家庭形成的主要机制，中国家庭变迁的第一个变化就是婚姻模式的改变，即从父母包办婚姻转变为恋爱自由、婚姻自主。此外，初婚年龄的提高推迟了家庭形成时间，并改变了家庭生命周期结构。改革开放以来，家庭形成出现了多元化的趋势，其中有四个主要变化：一是婚居模式的改变，即从传统的从夫居模式向夫妻独立居住模式转变。

由于家庭观念的变化和居住条件的改善，大多数新婚夫妻都脱离了父母家庭而独立生活。二是婚前同居正在成为一个常见的社会现象。根据2012年中国家庭追踪调查数据，婚前同居的比例从20世纪70年代的2.0%左右提高到目前的30.0%以上。三是子代家庭与亲代家庭的重新组合，由于父母年迈需要照料，子女把父母接到家中赡养，因而形成了新的直系家庭。四是离婚率的提高导致了单人家庭和单亲家庭的增加。

2. 家庭关系更加民主化和平等化

家庭关系是社会关系的缩影。在中国现代化进程中，传统社会的封建家庭关系逐步被民主、平等的新型家庭关系所取代。一是夫妻关系的地位提高，成为家庭中的核心关系；二是家庭成员关系更加平等，如夫妻平等和亲子平等；三是家庭民主程度提升，家庭成员无论男女长幼，都有权利参与家庭决策；四是家庭角色分工趋于合理，夫妻共同分担家务劳动；五是家庭生活以家庭幸福、每个家庭成员的发展和自我实现为目的。家庭关系的民主化和平等化使得家庭成员之间的互动与情感交流变得更为流畅和亲密，为家庭成员的成长和发展创造了更好的条件，提升了家庭生活的品质。

3. 家庭功能福利化

随着经济社会发展以及家庭结构和家庭需求的变化，中国家庭的功能也呈现各种变化，其中最为重要的特征是家庭功能的福利化趋势。一方面，家庭对情感、消费、照料、安全、娱乐等福利性功能的需求不断增加；另一方面，在收入水平提高、居住条件改善、消费技术进步、市场和公共服务发展的条件下，家庭的一些重要福利功能，如消费、娱乐等功能的供给能力不断增强。

4. 家庭规模小型化

中国是平均家庭规模缩小速度最快的国家之一，也是平均家庭规模较小的国家。根据国家统计局数据，2012 年居民家庭户的平均规模为 3.02 人，比 2000 年缩小了 12.2%，比 1982 年缩小了 31.4%。根据家庭小型化的主导原因，可以把中国家庭小型化划分为两个阶段：第一个阶段是 20 世纪 70 年代到 20 世纪末，导致家庭小型化的原因主要有联合家庭等大家庭的减少、核心家庭的增加和夫妇生育子女数量的减少；第二个阶段是从 21 世纪初开始，双人家庭和单人家庭的迅速增加使家庭从小型化走向微型化。

5. 家庭类型多样化

目前中国的主要家庭类型有三种，即核心家庭、直系家庭和单人家庭。根据第六次全国人口普查数据，2010 年这三类家庭分别占全国家庭总数的 60.9%、23.0% 和 13.6%，共占全国家庭总数的 97.5%。一个值得注意的现象是，2000 年以来，过去一些数量很少的家庭类型出现了快速增长，如单亲家庭、隔代家庭、残缺家庭等。这些新的变化不仅影响到中国家庭类型的分布，同时也使家庭问题变得更为复杂。

6. 家庭结构简单化

由于生育率下降、人口迁移和家庭规模缩小，中国的家庭结构变得越来越简单，主要体现在两个方面：一是代际结构简化，第六次全国人口普查数据显示，一代户和两代户已成为主体家庭，2010 年分别占全国家庭户的 57.0% 和 22.0%；二是家庭关系结构简化，从以夫妻、亲子、同胞等多轴关系结构为主，转变为以夫妻、亲子的双轴关系结构和夫妻单轴关系结构为主。

专栏 1-2　家庭的分类

核心家庭：由已婚夫妇及未婚子女组成的家庭，包括：(1) 标准核心家庭，即一对夫妇与其未婚子女组成的家庭；(2) 夫妇核心家庭，即只有夫妻二人组成的家庭；(3) 缺损核心家庭，或称单亲家庭，指因离异、丧偶或未婚的单身母亲或父亲及其子女组成的家庭。核心家庭的特点是人数少、结构简单，家庭内只有一个核心。

直系家庭（又称主干家庭）：由父母同一个已婚子女及其配偶和子女组成的家庭。根据代际层次，可以细分为二代直系家庭、三代直系家庭、四代直系家庭以及隔代直系家庭等。直系家庭特点是家庭内部除了有一个中心以外，还有一个或多个次中心。

联合家庭（又称复合家庭）：由父母同两个及以上已婚子女及其配偶和子女组成的家庭。根据代际层次，可以细分为二代联合家庭、三代联合家庭等。联合家庭的特点是人口多、关系复杂。

单人家庭：只有一个人独自生活的家庭，主要包括未婚独居家庭、离异独居家庭、丧偶独居家庭。

其他家庭：指家庭成员关系不明确的家庭。

7. 网络式家庭的出现

在中国，许多子女结婚后仍与父母家庭共处同一个城市或同一个村庄，保持着较近的空间距离，在亲代家庭与子代家庭之间形成了一种密切的“家际”关系，即“分而不离”的网络式家庭。亲代家庭与子代家庭之间以及子代家庭彼此之间保持着密切的互动和交流。网络式家庭的发展是中国家庭变迁的一个重要特色。

8. 家庭的稳定性减弱

中国传统社会中的家庭具有高度稳定性，现在这种稳定性因高离婚率的冲击而明显减弱，有越来越多的家庭因离婚而解体。民政部 2013 年《社会服务发展统计公报》数据显示，中国的粗离婚率①从 2005 年的 1.37‰上升到 2012 年的 2.29‰，只有短短 7 年时间，就上升了近一个千分点；而根据欧盟统计局的数据，欧盟 27 国粗离婚率从 1970 年的 1‰上升到 2009 年的 2‰，却经历了将近 40 年时间。在高离婚率的影响下，单亲家庭、隔代家庭和单身家庭数量迅速增加。

9. 家庭生命周期分布重心后移

在人口老龄化的影响下，家庭在生命周期不同阶段上的分布格局发生了重心后移。根据第六次全国人口普查数据计算，有 50% 的家庭分布在家庭生命周期的稳定期②，处于收

---

① 粗离婚率是指某年每 1 000 人中的离婚对数。

② 稳定期是指最后一个孩子出生到第一个孩子离开家庭的阶段。

缩期[①]和空巢期[②]的家庭已经占到45.6%。2010年处于家庭空巢期和解体期[③]的老年人家庭已经占全国家庭户的1/10，占全部有60岁及以上老年人家庭户的1/3。

10. 城镇家庭户的数量超过农村家庭户

城镇化的快速发展改变了中国家庭户的城乡分布格局。第五次、第六次全国人口普查数据显示，2000~2010年，城镇家庭户增加了58.0%，农村家庭户减少了7.0%。2010年城镇家庭户数量首次超过了农村，占比达到51.5%，比2000年提高了13个百分点。在未来一个时期，随着城镇化的发展和乡-城迁移，城镇家庭户数量将以更快的速度增长。

（二）中国的家庭变迁既遵循世界各国的普遍规律，同时也因特殊的社会和历史背景而呈现鲜明的特点

1. 变化速度快

在经济高速发展、社会快速转型、人口快速转变以及人口城镇化和迁移流动的背景下，家庭变迁非常迅速。例如，根据欧盟统计局数据，西班牙的家庭户平均规模从1988年的3.54人缩减至2005年的2.94人，17年间平均每年减少1%。中国的家庭变迁早在新中国成立之初就已开始，但其主要变化是改革开放之后发生的。中国的家庭户平均规模从

---

① 收缩期是指第一个孩子离开家庭到最后一个孩子离开家庭的阶段。
② 空巢期是指最后一个孩子离开家庭到配偶一方死亡的阶段。
③ 解体期是指配偶一方死亡到配偶另一方死亡的阶段。

1985 年的 4. 39 人缩小到 2012 年的 3. 02 人，27 年间平均每年减少 5%。尽管中国还是一个发展中国家，但家庭动态已经初具发达国家的一些特征。

2. 变化整体性强

中国的家庭变迁是一种全方位的整体变迁，家庭观念、家庭制度、家庭形态、家庭关系、家庭结构、家庭功能、家庭生命周期等各个方面都发生了显著变化。这些变化相互影响、彼此促进，形成整体推进的发展格局，并构成了中国社会现代化的重要方面。此外，中国城乡家庭动态变化的基本方面也呈现高度的一致性。

3. 变化路径多元化

中国家庭变迁并非是社会变迁的简单组成部分，也不是被动地接受社会变迁的影响，而是一种积极的应对和主动的策略安排，这种策略安排从传统家庭制度中汲取营养和支持，以增强自身抵御风险的能力，如核心家庭的网络化趋势，是适应情感交流和相互支持的现实需要。因此，中国的家庭变迁是在代际文化传承、情感依赖的基础上发生的，具有鲜明的代际继替特点和传统存留。

4. 变化结果独特

与其他国家相比，在中国的家庭变迁中出现了一些独具特色的家庭模式，其中最具代表性的是网络式家庭的兴起与留守家庭的出现。网络式家庭实际上是联合家庭和直系家庭离而不分、分而不解的结果，兼备了联合家庭和直系家庭的资源交换优势和个体家庭独立发展的优势，是一种传统与现代相融合的家庭模式。留守家庭则主要是人口迁移流动与户籍制度碰撞的被动结果，因家庭生活安排的分离而形成。这两类家庭模式的出现，实际上反映了传统因素与现实制度对中国家庭变迁的影响和对家庭模式的塑造。

三、家庭变迁的最新动态

除了上述家庭变迁的十大趋势，通过对第五次、第六次全国人口普查数据的比较分析，2000 年以来，中国的家庭变迁还出现了一系列新的变化。

（一）微型家庭迅速增加

进入 21 世纪以来，中国的家庭规模出现了微型化趋势，1 人户和 2 人户的微型家庭数量迅速增加。2000 ~ 2010 年，1 人户的数量增加了 1 倍，2 人户数量增加了 68.8%。2000 年这两类家庭户占全部家庭户的 1/4，到 2010 年已接近 40%，共计 1.6 亿户。在未来一个时期，微型家庭数量将继续保持快速增长的势头，平均家庭规模将会进一步缩小。

（二）核心家庭比例显著下降

2010 年核心家庭占全国家庭户的比例为 60.9%，与 2000 年相比，降低了 7.3 个百分点；与 1990 年相比，降低了 9.7 个百分点。其中，农村居民家庭中的核心家庭比例下降幅度最大，从 2000 年的 66.3% 下降到 2010 年的 57.0%。这表明中国的核心家庭比例下降的趋势越来越明显。

（三）核心家庭类型变化差异明显

2000～2010年，不同类型核心家庭的变化趋势呈现明显的差异。第一，由夫妇和未婚子女组成的标准核心家庭的数量减少，比例下降；第二，由夫妇二人组成的核心家庭数量大幅度增加，比例显著提高；第三，单亲核心家庭数量有所增加，但比例下降。

（四）直系家庭开始回升

2010年直系家庭总数为9 240万户，比2000年增加了25.0%，占全部家庭户的比例从21.0%提高到23.0%，结束了1982年以来长期稳定的局面。直系家庭的增长在很大程度上是因为老年人家庭与子女家庭或孙子女家庭的重新组合，这是一个与直系家庭的传统形成机制完全不同的新机制。

（五）一代户迅速增加

2000～2010年，一代户数量增加了86.0%，是增长速度最快的家庭类型。2010年一代户共计13 716万，超过全国家庭户的1/3。其中，夫妇核心家庭和单人家庭分别占一代户家庭总数的55.9%和42.5%。这个变化趋势导致了中国家庭代际结构的进一步简化。

（六）农村隔代家庭明显增加

2000～2010年，隔代家庭从715万户增加到1 117万户，占全国家庭的比例从 2.1% 提高到 2.8%，而 1990 年这个比例仅为 0.7%。隔代家庭有两种类型：一是因死亡或离异导致的隔代家庭；二是因生活安排分离造成的隔代家庭。中国目前的隔代家庭主要属于第二种类型，且有将近七成的隔代家庭在农村，这主要是由大批已婚已育夫妇流向城市导致的结果。

（七）举家迁移和流动日益增多

进入 21 世纪以来，中国的人口流动出现了举家流动趋势，越来越多的人口流动是举家流动。目前，有近七成的流动人口是与配偶、子女或父母一起流动。流动人口动态监测数据显示，2012 年，在已婚流动人口中，夫妻一同流动的占 89.8%，流动人口的 0~14 岁子女中有 66.0% 是与父母双方或一方流动。随着中国户籍制度改革和流动人口市民化进程的推进，城市移民家庭的数量将进一步增加。

（八）多民族家庭越来越多

不同民族之间通婚组成家庭的现象越来越普遍。2010 年，全国共有 1 102 万户由不同民族组成的家庭户，比 2000 年增加了 9.3%，占全国家庭户总数的比重达到 2.7%，并且遍布全国 31 个省、自治区和直辖市。

第二章

家庭户的数量与规模

中国是世界上家庭户数量最多的国家，2010年跨上了4亿户的台阶。中国是家庭户平均规模较小的国家，也是家庭户平均规模缩小速度最快的国家之一。进入21世纪以来，中国家庭的小型化迈入了单人家庭和双人家庭时代，正在与发达国家趋同。

中国是人口大国，也是世界上家庭户数量最多的国家。根据第六次全国人口普查显示，2010 年中国 31 个省、自治区、直辖市共有家庭户4.0亿户。根据国家统计局年度抽样调查结果推算，2012 年中国家庭户增至4.3 亿户左右。与家庭户数量增长相关联的另一个重要事实是家庭户人口规模不断缩减，2012 年已减至 3.02 人，中国已成为家庭户平均规模较小的国家。

一、家庭户数量的增长

20 世纪上半叶，中国家庭户数量的增长比较缓慢。根据历史统计资料（见图 2－1)，1911 年家庭户数为 7 127 万户，1947 年为 8 663 万户，36 年间只增加了 21.6%，只是略高于同期人口增长幅度（19.3%）。新中国成立后，家庭户数量开始迅速增加，1953 年第一次全国人口普查时达到 13 385 万户，比 1947 年增加了 54.5%；1964 年第二次全国人口普查时家庭户数量增加到 16 191 万户；1982 年第三次全国人口普查时达到 22 008 万户。1982 年之后，虽然生育率持续下降，但是家庭户数量的增长进入一个高涨阶段，分别跨越了 3 亿户和 4 亿户两个台阶。2010 年第六次全国人口普查时的家庭户数量，比 1953 年增加了 2 倍，而同期人口增加了 1.28 倍。从增长率的变化看（见图 2－2)，1953 年以来的家庭户数量增长率变化轨迹呈现由低到高，再由高到低的过程。1982～1990 年是家庭户数量增长最为迅速的时期，年平均增长率达到了 2.87%，之后开始减速，2000～2010 年家庭户数量年平均增长率降到 1.66%，低于 20 世纪 50 年代和 60 年代的水平，尽管如此，家庭户数量的增长速度仍远远高于人口增长。

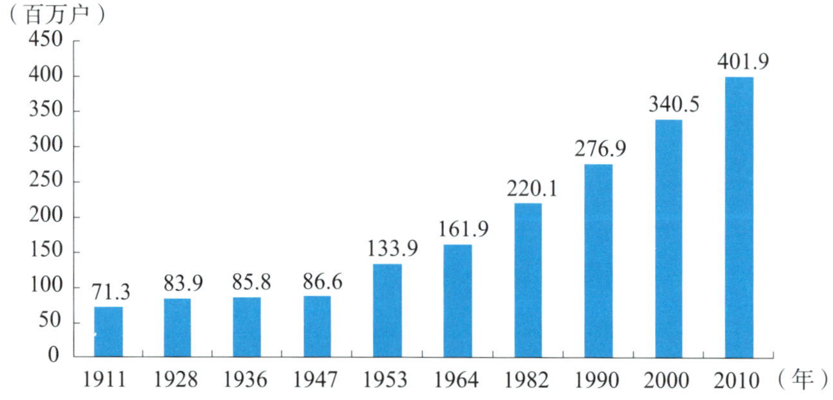

图 2－1　家庭户数量的增长（1911～2010）

资料来源：王跃生，2013；历次人口普查数据

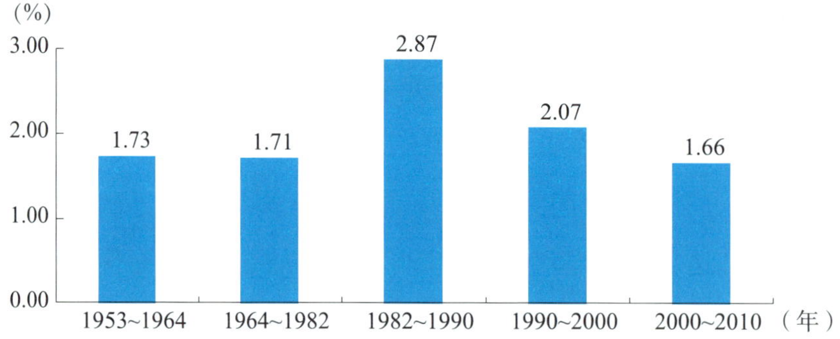

图 2－2　不同时期家庭户数量的年平均增长率

资料来源：根据历次全国人口普查数据计算

人口变化是影响家庭户数量增长的主要因素。由于全国不同地区的人口转变和人口迁移流动有很大差别，2000～2010 年，各省、自治区和直辖市的家庭户数量增长呈现显著的差

异（见图2－3）。有两类地区的家庭户数量增长幅度明显高于全国平均水平：第一类是东部沿海省（市），主要包括北京、上海、广东、浙江和福建，这些省（市）都是人口流入地区。如北京市和上海市的生育率水平已处于极低水平，但由于大量的人口流入，使其常住人口的家庭户在10年中分别增加了63.1%和55.7%；第二类是西部省（区）的少数民族地区，主要包括新疆、宁夏、青海和西藏，这些省（区）的家庭户增长幅度在30%左右，导致这些地区家庭户数量快速增长的主要原因是生育率水平相对较高，以及初婚年龄较低。

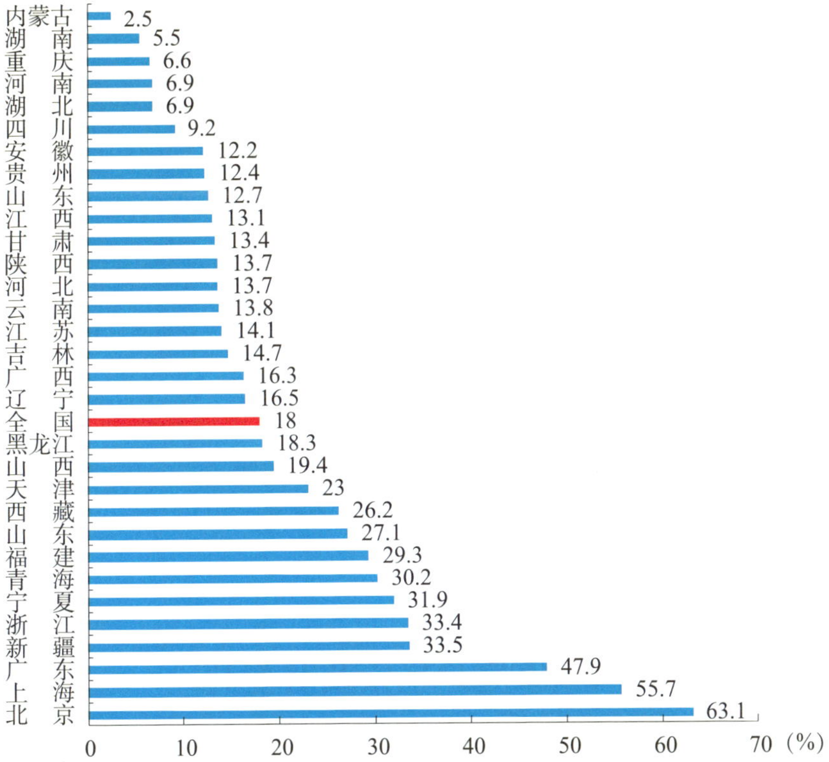

图2～3　2000～2010年各省、直辖市、自治区家庭户数量的增长情况

资料来源：第五次、第六次全国人口普查

家庭户数量增长幅度比较小的地区则主要是由生育率水平较低和人口大量外流两方面原因造成的。

从未来发展趋势看，虽然全国人口增长率已处于非常低的水平，但家庭数量将会在一个更长的时期内持续增长。根据中国人口与发展研究中心的预测（见图 2－4），2040 年中国的家庭户数量将跨上 5 亿户的台阶，2045 年达到峰值 5.04 亿户后开始减少，到 2050 年仍将保持在 5 亿户左右的规模。

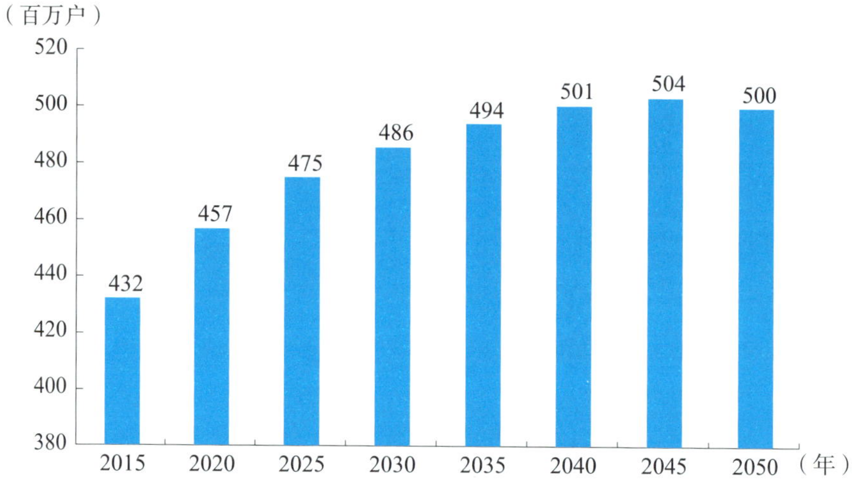

图 2－4　家庭户数量变化预测

资料来源：中国人口与发展研究中心，2013

二、家庭户规模及其变化

家庭规模的小型化是现代家庭变迁的重要标志，并已成为全球性趋势。欧盟统计局的数据显示，2005 年欧盟 27 国的平均家庭规模为 2.5 人，欧元区国家的平均家庭规模只有 2.4 人，其中德国、丹麦、芬兰等国的家庭规模已呈现极小化，只有 2.1 人左右。

中国家庭规模的小型化趋势也十分明显（见图 2 –5）。在 20 世纪 50 年代之前，家庭户平均人数基本上保持在 5.3 人的水平上。新中国成立后，随着经济社会发展和人口变化，家庭户平均规模开始缩小，尤其是 20 世纪 80 年代以来，家庭户平均规模缩小的趋势更加显著：1990 年缩减到 3.96 人，2010 年缩减到 3.10 人，2012 年进一步缩小为 3.02 人。

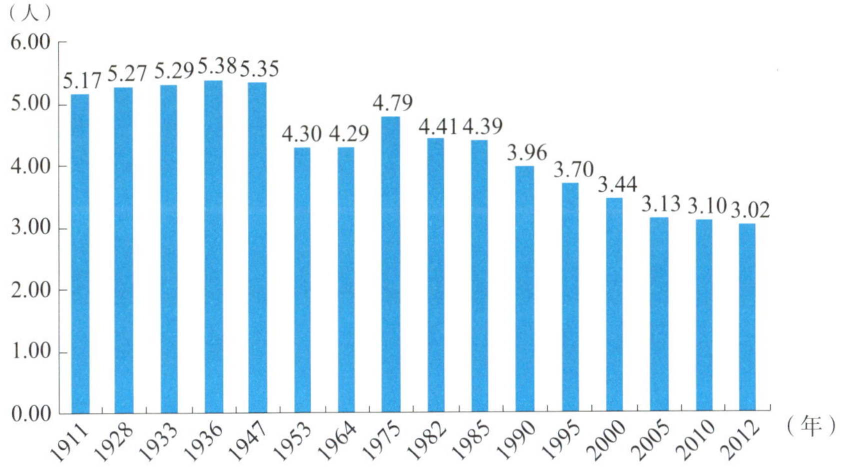

图 2 –5　家庭户平均规模的变化（1911 ~ 2012）

资料来源：王跃生，2010；历次人口普查数据；年度抽样调查

家庭小型化趋势在各个地区及城乡都普遍存在，城市居民家庭小型化现象更为突出，而农村居民家庭小型化速度更快。2010 年，城市家庭户平均规模为 2.7 人，比 2000 年减少了 0.3 人；镇家庭户的平均规模为 3.1 人，比 2000 年减少

了0.2人；农村家庭户平均规模为3.3人，比2000年减少了0.4人（见图2-6）。

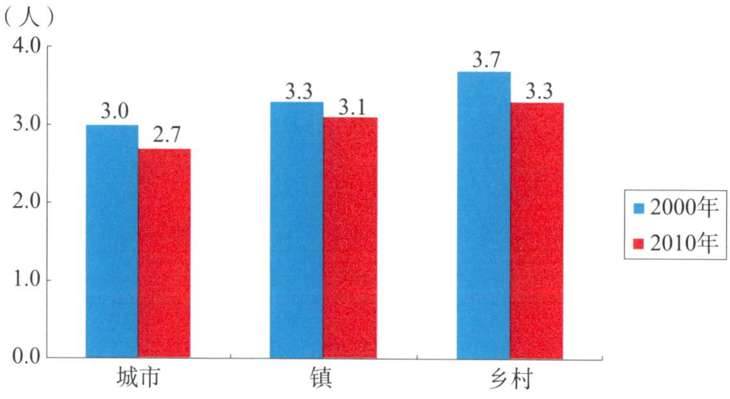

图2-6 2000年和2010年城乡家庭户平均规模

资料来源：第五次、第六次全国人口普查

各地区的家庭户规模差异十分显著（见图2-7）。2010年，有12个省（市）的平均家庭规模小于3.0人，其中家庭户平均规模最小的北京市和上海市都不到2.5人。有18个省（区、市）份的家庭户平均规模大于全国平均水平，其中，西藏自治区的家庭户平均规模最大，为4.23人，江西、海南和云南三省超过3.5人，甘肃、河南和青海三省接近3.5人。

家庭户规模小型化是社会、经济、文化、人口等多方面因素共同作用的结果。从人口变化的角度看，结婚年龄的推迟、不婚率和离婚率的提高、低生育率、寿命的延长、人口流动等都导致了家庭户规模的不断缩小。2000年以来，生育率下降对家庭户缩小的影响正在减弱，持续的大规模人口迁

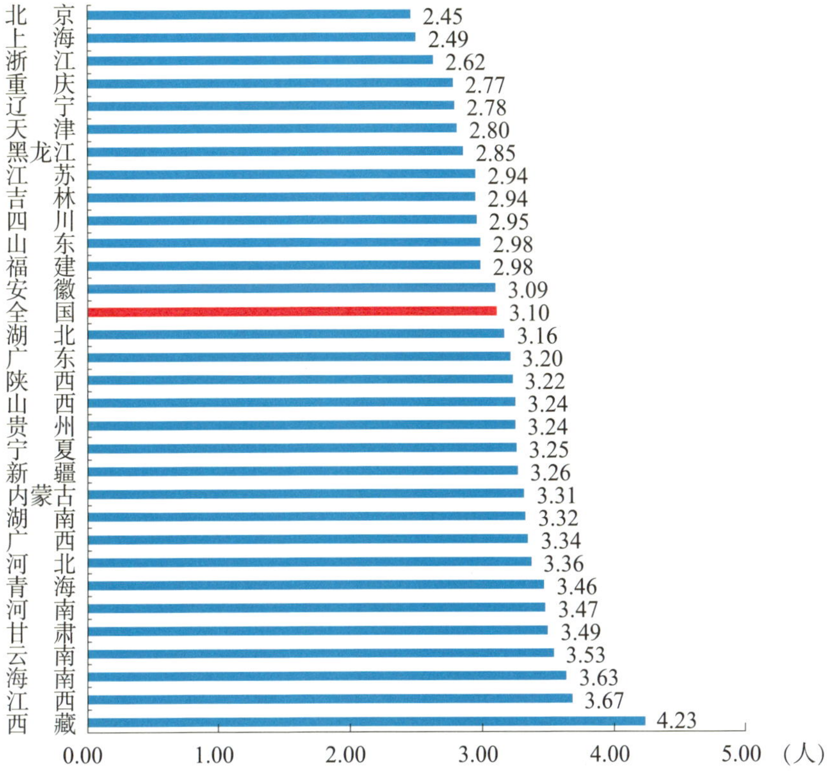

图 2－7 2010 年全国各地区家庭户平均人口数

数据来源：第六次全国人口普查

移流动正在成为家庭规模缩小的重要推力。家庭观念的变化、生活水平的提高、生活方式的现代化、居住条件的改善等经济社会发展因素也直接促进了家庭规模的小型化。

三、家庭户的构成变化

2000 年以来，家庭户的小型化主要是结构性变化的结果，不同规模家庭户增长数量和变化方向都不尽相同。如果按家庭户人口规模把家庭户划分为四种规模类型：微型户（1~2人户）、小型户（3~4人户）、中型户（5~6人户）、大型户（7人及以上户），2000~2010年不同规模家庭户的增长变化特点不同（见表2-1）。

表2-1　家庭户按家庭人口数的分布

单位：户，%

家庭户规模	2000年		2010年	
	数量	比例	数量	比例
1人户	28 273 351	8.3	58 396 327	14.5
2人户	58 034 336	17.0	97 947 686	24.4
3人户	101 964 343	30.0	107 978 654	26.9
4人户	78 217 515	23.0	70 598 493	17.6
5人户	46 383 977	13.6	40 332 512	10.0
6人户	17 416 027	5.1	16 887 554	4.2
7人户	6 206 820	1.8	5 753 970	1.4
8人户	2 308 597	0.7	2 235 271	0.6
9人户	911 195	0.3	942 511	0.2
10人及以上户	775 036	0.2	861 218	0.2

数据来源：第五次、第六次全国人口普查

（一）微型家庭的数量大幅增加

2000~2010年，1人户的数量增加了近1倍，占全国家庭的比例从8.3%提高到14.5%；2人户数量增加了68.8%，占全国家庭的比例从17.0%提高到24.4%。2000年这两类家庭户占全部家庭户的1/4，2010年已接近40%，共计1.6亿户。这表明，2000年以来中国的家庭小型化主要是微型家庭户快速增长的结果。导致家庭微型化的原因主要有三个：

一是初婚年龄的推迟导致了青年单人户的增加；二是人口迁移和流动导致了1人户和2人户的增加；三是老年夫妇家庭的增加导致了2人户的增加。

（二）小型家庭户数量明显减少

2010年3人户和4人户共计1.78亿，占全国家庭户44.5%，与微型家庭户的数量接近，与2000年相比，小型家庭户数量减少了160万户，占比下降了8.5个百分点。从小型家庭户内部结构看，3人户在各类规模家庭户中仍占最大比重。2010年，3人户家庭共计1.08亿户，占全国家庭户总数的26.9%。但近十年来其数量增长缓慢、比重下降。与此同时，4人户的数量从7 822万户减少到7 060万户，减幅为9%，占比排序从2000年的第二位下滑到第三位，被2人户超过。导致4人户数量减少的一个重要原因是低生育率和独生子女家庭数量的增长。由于小型家庭户主要是核心家庭，其比重的降低实际上带来了核心家庭比重的降低。

（三）中型家庭户占比下降

2000年5人户和6人户共计6 380万户，2010年减少到5 722万户，占全国家庭的比例从18.7%下降到14.2%。这两类家庭户数量的减少主要是农村家庭规模小型化引起的。表2-2的数据显示，城市和镇的5人户和6人户占比相对稳定，而农村这两类规模家庭户的占比出现了下降，其中5人户的占比下降更明显。这种变化的主要原因是农村生育率的下降和青年人口的大量外流。

表 2-2　分城乡家庭户规模的分布

单位:%

家庭户规模	2000 年			2010 年		
	城市	镇	乡村	城市	镇	乡村
合计	100	100	100	100	100	100
1 人户	10. 68	10. 16	6. 93	17. 95	14. 09	12. 44
2 人户	21. 60	18. 62	14. 85	27. 82	24. 41	22. 07
3 人户	40. 22	33. 89	24. 90	33. 16	27. 78	22. 34
4 人户	15. 75	20. 39	26. 47	12. 17	17. 87	21. 03
5 人户	7. 78	10. 64	16. 65	6. 25	9. 63	12. 70
6 人户	2. 42	3. 78	6. 51	1. 71	3. 85	5. 99
7 人户	0. 86	1. 40	2. 31	0. 56	1. 33	2. 05
8 人户	0. 38	0. 60	0. 82	0. 24	0. 55	0. 77
9 人户	0. 15	0. 26	0. 31	0. 09	0. 25	0. 32
10 人及以上户	0. 15	0. 26	0. 25	0. 09	0. 25	0. 28

数据来源：第五次、第六次全国人口普查

（四）大型家庭户数量继续减少

自 20 世纪 80 年代以来，中国大家庭的数量一直在减少。进入 21 世纪，这个趋势继续延续。2010 年 7 人户及以上规模的家庭数量共有 979 万户，比 2000 年减少了 4. 0% ，占全国家庭户的比重从 3. 0% 下降到 2. 4% 。表 2 -1 的数据显示，家庭户人口为 9 人户和 10 人户及以上的超大型家庭户数量比 2000 年有所增加。但由于这类超大家庭户占全国家庭户比例不到 0. 5% ，其变化不会对全国家庭规模变化趋势产生影响。

（五）城乡各类规模家庭户分布变化趋势高度一致

城乡各类规模家庭户的变化已经趋同。2010 年城市、镇和农村家庭户数量排在第一位的都是 3 人户，排在第二位的都是 2 人户；不同的是城市中微型家庭户比例高于镇和农村，城市排在第三位的是 1 人户，镇和农村排在第三位的是 4 人户（见表 2－2）。

综上，家庭户规模微型化和城乡各类规模家庭户变化趋势的高度一致性，是 21 世纪初中国家庭规模变化最为突出的特点，标志着家庭变迁已经进入了一个新的发展阶段。

第三章

家庭的类型与结构

中国家庭类型和结构变化正在进入一个新的阶段，呈现家庭类型的多样化、家庭结构的简单化和单人化的趋势。这些变化改变着家庭生活安排，影响着家庭功能和家庭关系，并给经济社会发展带来了多方面的、深刻的、长远的影响。

家庭的类型和结构是家庭形态的基本方面，直接决定和影响着家庭功能和家庭关系。在中国家庭变迁过程中，家庭的类型和结构都发生了显著变化，这些变化不仅是人口变化和经济社会发展的结果，同时也给经济社会发展带来了多方面的重要影响。

一、家庭类型与分布

家庭可以按照不同的标准分类，在本报告中，家庭类型按照家庭代际层次和亲属关系进行分类，主要分为核心家庭、直系家庭、联合家庭、单人家庭和其他家庭。家庭类型多样化及同类家庭内部的差异扩大是现代社会家庭变迁的重要特征，随着经济社会发展和人口变化，中国的家庭类型及其分布也发生了显著的变化。

（一）核心家庭比重持续下降

核心家庭一直是中国家庭的主要形式。历史数据显示，在 18 世纪中后期核心家庭所占比例就超过了 50%，1982 年第三次全国人口普查时核心家庭比例已高达 68.30%，1990 年第四次全国人口普查时核心家庭比例达到最高峰（70.61%），但其后的占比出现了持续下降，2000 年为 68.18%。2010 年核心家庭数量比 2000 年增加了 7 348 万户，但占比下降到 60.88%（见表 3－1）。这意味着，虽然核心家庭仍是中国家庭的主体类型，但占比显著下降。尤其值得注意的是，农村家庭中核心家庭的比重下降幅度最大，从

2000年的66.27%下降到2010年的57.02%。有两个因素直接导致了这种变化：一是单人家庭比重的提高；二是直系家庭比重的提高，其中单人家庭数量的增长是更为关键的因素（见表3-2）。

表3-1 家庭类型分布的变化

单位：%

家庭类型	1982年	1990年	2000年	2010年
总计	100.00	100.00	100.00	100.00
核心家庭 小计	68.30	70.61	68.18	60.88
标准核心家庭	48.16	53.53	46.75	33.14
夫妇核心家庭	4.79	6.49	12.93	18.46
单亲核心家庭	11.52	7.59	6.08	5.96
其他核心家庭	3.83	2.99	2.43	3.32
直系家庭 小计	21.74	21.33	21.72	22.99
二代直系家庭	3.82	3.29	2.35	3.03
三代及直系家庭	16.43	16.48	16.62	16.54
其他联代直系家庭	1.50	1.55	2.75	3.42
隔代直系家庭	0.95	0.91	2.11	2.78
联合家庭	0.93	1.08	0.56	0.58
单人家庭	7.98	6.34	8.57	13.57
残缺家庭	0.84	0.57	0.71	0.93
其他	0.22	0.08	0.26	0.93

资料来源：王跃生等，2013

注：本表对原表中的一些分类进行了合并。

表 3－2　城乡家庭户类型的分布

单位：%

家庭类型	2000 年			2010 年		
	城市	镇	乡村	城市	镇	乡村
核心家庭	71. 41	70. 87	66. 27	65. 30	63. 53	57. 02
直系家庭	16. 26	17. 52	24. 83	15. 28	21. 52	28. 52
联合家庭	0. 69	0. 64	0. 50	0. 40	0. 66	0. 67
单人家庭	10. 38	10. 04	7. 52	17. 03	12. 97	11. 79
残缺家庭	0. 74	0. 58	0. 74	0. 72	0. 66	1. 18
其　　他	0. 52	0. 36	0. 13	1. 28	0. 67	0. 81

资料来源：王跃生等，2013

与其他一些国家和地区比较可以发现，中国家庭类型的分布与欧盟、日本、韩国等有显著的不同（见图 3－1）。与这些国家相比，中国家庭类型分布形态是单人家庭比例低，非核心家庭比例高，城市的家庭类型分布形态则与俄罗斯、新加坡、中国香港大致相同。

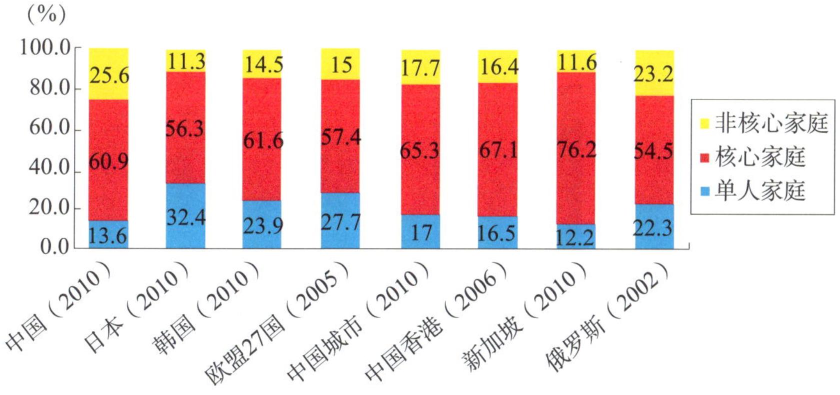

图 3－1　中国与其他一些国家和地区的家庭类型分布

资料来源：第六次全国人口普查；Demographic Statistics. UN，Eurostat. EU

（二）核心家庭类型构成变化明显

在核心家庭比例下降的同时，核心家庭类型构成也发生了明显的变化（见图 3－2）。第一，标准核心家庭比重大幅下降。1990 年以来，由一对夫妇和未成年子女组成的标准核心家庭占全国家庭的比例下降了 20 个百分点。第二，由夫妇二人组成的核心家庭比重大幅提高，占全国家庭的比例提高了 2 倍，在数量上仅次于标准核心家庭，2010 年达到 7 420万户，比 2000 年增加了 3 993 万户。第三，单亲核心家庭比例持续下降。1982 年单亲家庭占全国家庭的比例曾高达 11.5%，之后则出现了持续下降，2010 年降到了 5.9%。从数量的变化看，1982 年以来单亲家庭经历了先减后增的变化，从 1982 年的 2 535 万户减少到 2000 年的 2 070 万户，之后的变化趋势出现转折，2010 年回升到 2 396 万户。

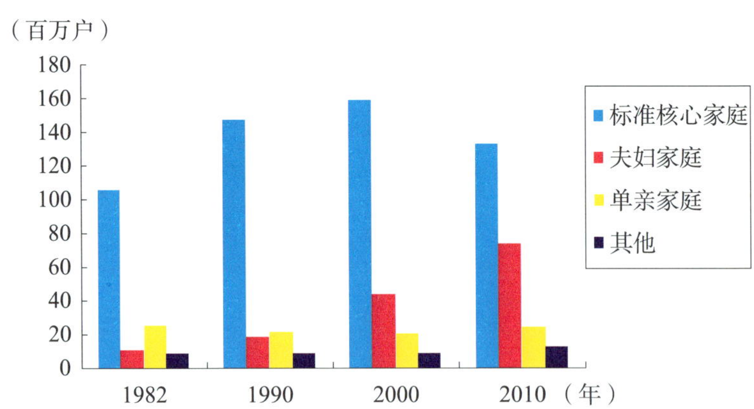

图 3－2　各类核心家庭的变化

资料来源：历次全国人口普查

夫妇核心家庭户的大幅增长主要是由于标准核心家庭分解，中老年夫妇不与他们的成年子女同住，以及更多的年轻夫妇选择推迟生育甚至不生育等原因造成的，这一趋势在未来会得到进一步的强化。因此，可以预期未来夫妇核心家庭将继续以较快的速度增长，并与一些发达地区趋同（见图3－3）。

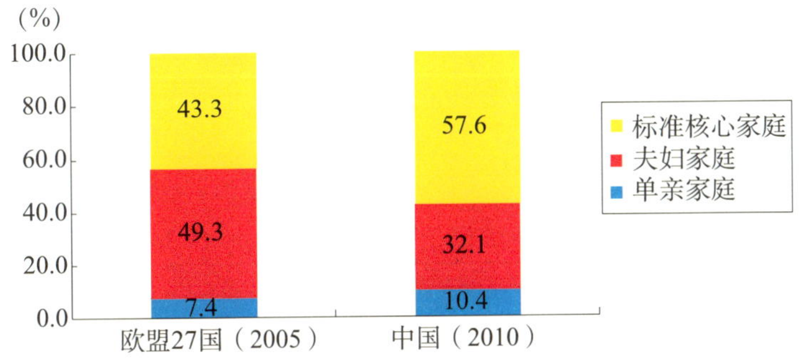

图3－3　中国和欧盟各类核心家庭的分布

资料来源：第六次全国人口普查；Eurostat，EU

（三）直系家庭数量稳中有升

长期以来，直系家庭一直是中国家庭中的重要类型，在家庭类型排序上始终处于第二的位置（见表3－1）。2010年直系家庭总数为9 240万户，比1982年增加了93.1%，比2000年增加了24.9%。直系家庭占全部家庭的比重在2000年之前一直保持在21.0%左右的水平上，几乎没有变化。但是2000年之后，这种稳定局面开始被打破，2010年直系家庭的比重提高到22.99%。未来一个时期直系家庭的数量和比重都将出现更为显著的增长，其主要原因是随着老年人寿命的延长和高龄老年人的增长，尤其是当老年人丧偶或失能之后，对家庭照料的需求会迅速增长，这将导致越来越多的老年人家庭与子女家庭或孙子女家庭重新组合为直系家庭（见表3－3）。这是一个与直系家庭的传统形成机制完全不同的新机制，即通过家庭重组实现。

表3－3　2010年高龄丧偶老人居住模式

单位：%

老年人居住模式	全国	城市	镇	乡村
独居	27.32	32.60	25.01	29.10
与子女共同居住	72.07	66.16	74.63	70.15
与其他人共同居住	0.61	1.24	0.36	0.74

资料来源：彭希哲等，2013

（四）单人家庭数量迅速增长

根据历次全国人口普查资料，1982～1990年，单人家庭的数量一直稳定在1 756万户的水平上。1990年以后，单人家庭数量开始迅速增长，2000年增加到2 918万户，年平均增长率为5.1%；2000年以后的增长速度提高到6.2%，2010年单人家庭数量增加到5 454万户，占比达13.6%。值得注意的是，单人家庭的迅速增长已经成为城乡家庭变化的普遍趋势。2000～2010年，城市的单人户增加了1.5倍，镇的单人家庭增加了1.2倍，农村的单人家庭也增加近40%。单人家庭的城乡分布格局也发生了变化，2000年在全部单人家庭中，农村占比53.9%，2010年城市、农村的单人家庭各占40%左右，其余18.5%为镇（见图3－4）。单人家庭数量增长主要是由于大龄（30岁以上）未婚人口的增长、离婚率的提高和丧偶独居老人的增长。2010 年 30 岁以上未婚人口中有 43.2% 是独居，80 岁及以上的高龄老人中有四成以上是单人家庭户主。

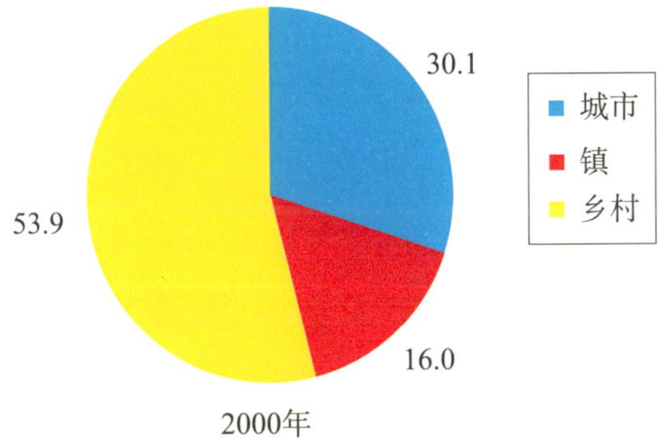

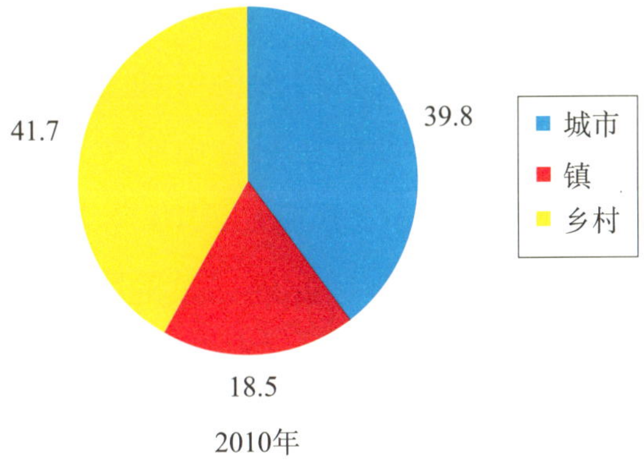

图 3-4　2000 年和 2010 年单人家庭的城乡分布（%）

资料来源：第五次、第六次全国人口普查

二、家庭类型的多样化

中国的家庭变迁还表现为一些新的家庭类型出现，以及一些过去数量很少的家庭类型出现了快速的增长，其中最为显著的变化除了单人家庭、单亲家庭以外，还有隔代家庭、丁克家庭、残缺家庭。这些变化不仅改变了我国家庭类型的分布，同时也使家庭问题变得更为复杂。

（一）隔代家庭

隔代家庭是指（外）祖父母与（外）孙子女同住但没有中间一代的家庭。历次全国人口普查数据显示，1982 年和 1990 年隔代家庭占全国家庭总数不到 1%。从 20 世纪 90 年代开始，隔代家庭出现了快速增长，2000 年隔代家庭数量增加到 715 万户，占比提升到 2.1%；2010 年增加到 1 117 万户，比 2000 年增加了 56.2%，占比提高到 2.8%。隔代家庭快速增长的主要原因是大批农村青年劳动力流向城市。许多年轻夫妇外出打工，把子女留在家乡由祖父母或外祖父母照看，形成了“留守式”隔代家庭。2010 年农村隔代家庭占全国隔代家庭总数的 67.8%。此外，镇的隔代家庭也比城市的隔代家庭多 18%。

（二）单亲家庭

单亲家庭是指只有父亲或母亲一方与其未成年子女共同生活的家庭，可以分为单亲父亲家庭和单亲母亲家庭两大类型，又可进一步分为单亲父子家庭、单亲父女家庭、单亲母子家庭和单亲母女家庭四个亚类。第六次全国人口普查数据显示，2010 年单亲家庭的数量为 2 396 万户。单亲家庭形成的原因有三种情况：离异、丧偶、非婚生育。20 世纪 80 年代以来，单亲家庭形成的主要原因发生了变化，从以丧偶为主转变为以离异为主。例如，1982 年北京市单亲家庭中因丧偶导致的单亲家庭比例占 90% 左右，离异型单亲家庭占比不到 10%，但 2000 年离异型单亲家庭的比例已提高到了 70%。许多调查都显示，离异型单亲家庭已成为单亲家庭的主体。与其他国家的情况相同，中国单亲家庭也是以单亲母亲家庭为主，单亲母亲家庭所占比例为 70% ~80%。

（三）丁克家庭

丁克家庭是指由具有生育能力但自愿不要孩子的夫妇组成的家庭。作为一种现代生活方式，丁克家庭最先是在 20 世纪 60 年代的欧美国家开始流行，随后扩散到许多国家。丁克家庭在中国也已出现，2002 年进行的一项针对 6 个城市的调查结果表明，在被调查对象中有超过 10% 的人倾向丁克家庭的生活方式。根据第六次全国人口普查数据显示，全国夫妇双方年龄大于 35 岁未生育的家庭共有 344 万户，夫妇双方年龄大于 30 岁未生育夫妇家庭共有 425 万户。虽然这些大龄未育夫妇家庭不等于丁克家庭，但可以断定其中有相当一部分是丁克家庭。

（四）婚前同居

在中国，同居虽然尚未被法律认可为家庭形式，但婚前同居正在成为一个常见的社会现象。根据北京大学中国家庭动态追踪调查 2012 年的调查结果，有 12.0% 的初婚夫妇在婚前同居过，上海市的婚前同居比例达到了 18.0%。该项调查还有两个重要发现：一是婚前同居现象在城市和乡村都比较常见，比例分别为 13.9% 和 11.2%；二是婚前同居现象增长迅速，20 世纪 70 年代结婚的夫妇中婚前同居比例仅为 2%，而 2000～2012 年结婚夫妇中婚前同居的比例高达 32.6%（见图 3－5）。

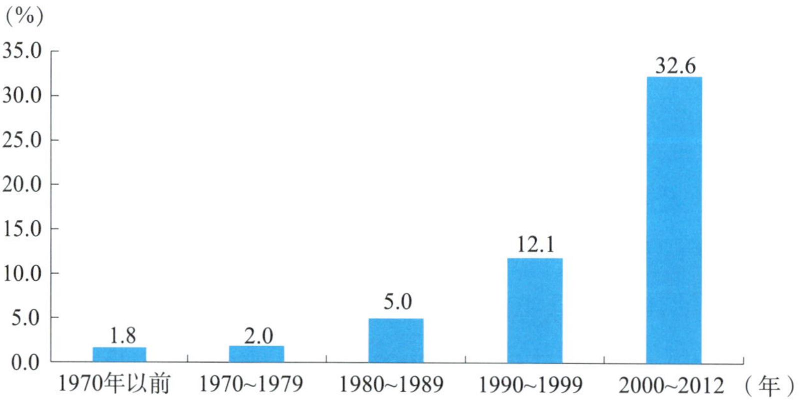

图 3－5　分初婚年代的婚前同居比例

资料来源：北京大学中国社会科学调查中心，2013

（五）大龄未婚独居家庭

大龄未婚独居家庭增长迅速。图 3－6 显示，2010 年全国 30 岁以上未婚者中独居的比例达到 43.2%，这个比例在城市中更高，为 45.4%。大龄未婚独居家庭增多的原因是多方面的：一方面是由于接受高等教育、自我实现需求的发展以及职业竞争的加剧，使得一些人不得不推迟结婚年龄。另一方面是由于“婚姻挤压”导致一些人没有找到结婚对象。还有一些人是因为生活方式、婚姻和家庭观念的变化，主动选择了单身生活。

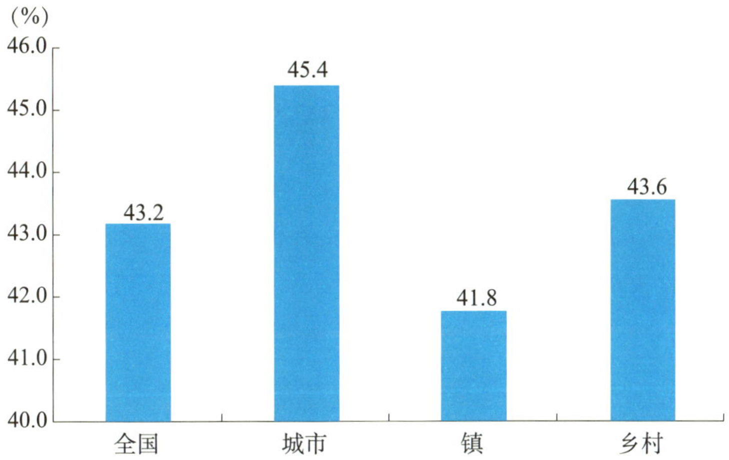

图 3－6　2010 年 30 岁以上未婚人口中独居的比例

资料来源：彭希哲等，2013

三、家庭结构

家庭结构是指具有血缘、姻缘、收养等关系的成员所组成生活单位的样式和状态。除单人家庭以外，每个家庭都是由不同的家庭成员组成的，每一个成员在家庭中都依血缘、姻缘等关系处于特定的位置，扮演着特定的角色，并具有个人特征，这些关系状态及个人特质就形成了家庭的结构。家庭结构具有不同的维度，本报告将重点分析家庭的代际结构、关系结构、生命周期结构以及民族结构。

（一）家庭代际结构的简化

代际结构是家庭结构的一个重要维度，它反映了家庭成员彼此之间的代属关系，而代际交流与互动模式是家庭关系的重要内容。不同类型家庭的代际结构有很大差异，例如，单人家庭和夫妇核心家庭只有一代人，而直系家庭可能会有三代人、四代人甚至更多的代际层次（见图3-7）。现代家庭的代际结构与传统家庭的代际结构有明显的差别。

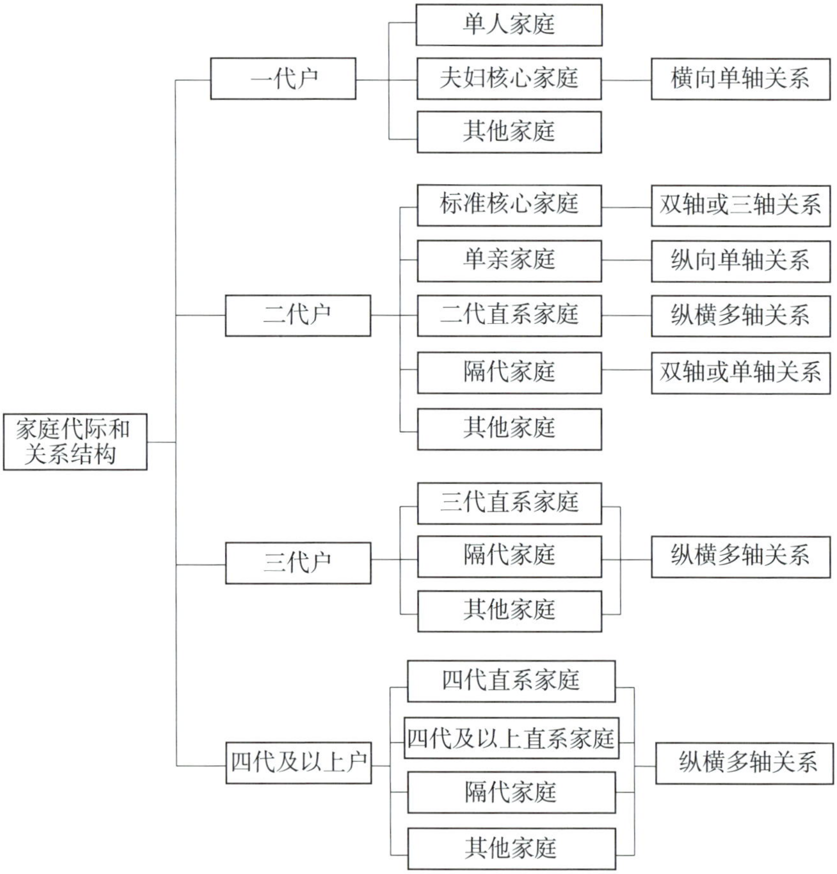

图3-7　家庭代际和关系结构示意图

注：本图参照了彭希哲的研究报告，2013

在中国传统社会，直系家庭和复合家庭曾占很高的比重，这类家庭的代际结构比较复杂，一般都有三代或四代。费孝通的江村调查提供了传统农村家庭代际结构变迁的缩影。1936年，江村三代及以上的家庭占全村家庭总数的48.7%。1981年该比重降到42.9%。另两项对河北省农村“土改”前家庭结构的调查也呈现出相同的情况，其中一项对冀南5个村庄的调查显示，土改前这5个村庄的家庭中三代及以上家庭占38%~49%；另一项对河北省中部、东部和北部三个县8个村庄的调查显示，三代及以上家庭占比高达49%以上。

新中国成立后，家庭的代际结构经历了两波简化变动：第一波简化变动是“二代化”，即以核心家庭为主体的二代家庭数量快速增长及比例大幅度提高，这一波变动从20世纪50年代中期开始，一直延续到90年代初。1982~1990年，二代家庭比例占67.5%左右，三代及以上家庭比例只有18%左右。这个时期出现的“二代化”趋势主要是直系家庭、联合家庭的分解以及核心家庭迅速增长的结果。第二波简化变动是“一代化”，即一代户数量和比重的迅速增长。这一波变化在90年代出现，并在21世纪的第一个10年以更快的速度发展。2000年，二代家庭户的比例降到59.32%，与1990年相比，降幅高达10个百分点，一代家庭户的比例则从1990年的12.8%提高到21.7%，2010年进一步提高到34.18%（见图3-8）。第二波简化主要是单人家庭户和夫妇核心家庭的迅速增长，夫妇核心家庭和单人家庭分别占一代户总数的55.9%和42.5%。

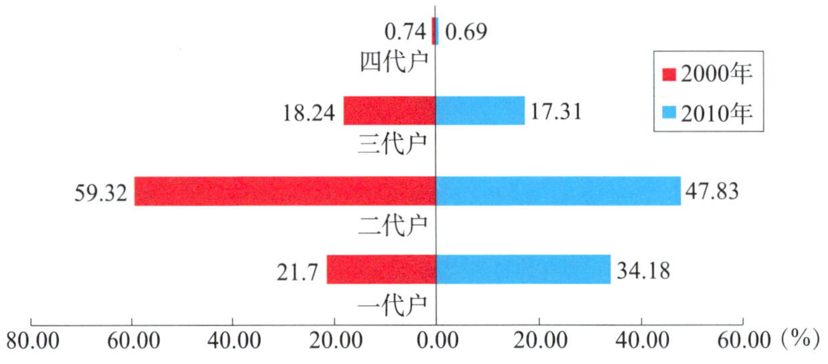
0.74
0.69
四代户
2000年
2010年
18.24
17.31
三代户
59.32
47.83
二代户
21.7
34.18
一代户
80.00
60.00
40.00
20.00
0.00
20.00
40.00
60.00
(%)

全国

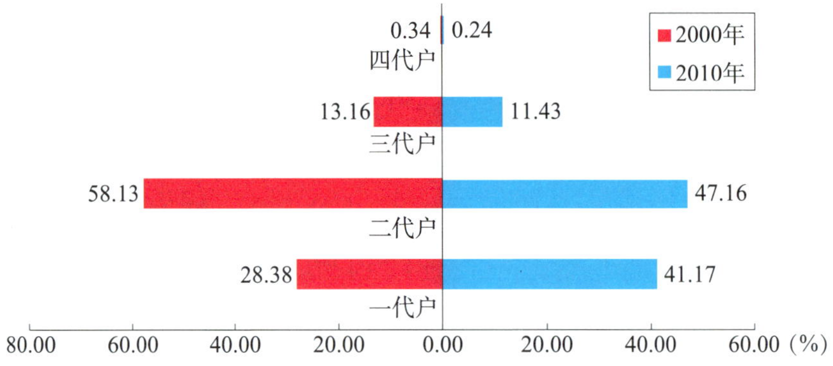
0.34
0.24
四代户
2000年
2010年
13.16
11.43
三代户
58.13
47.16
二代户
28.38
41.17
一代户
80.00
60.00
40.00
20.00
0.00
20.00
40.00
60.00
(%)

城市

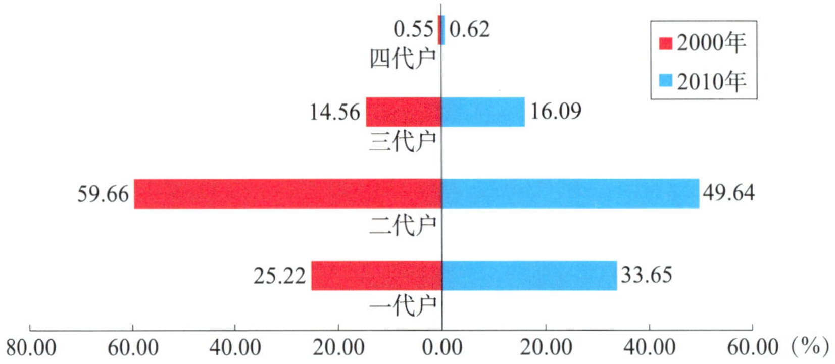
0.55
0.62
四代户
2000年
2010年
14.56
16.09
三代户
59.66
49.64
二代户
25.22
33.65
一代户
80.00
60.00
40.00
20.00
0.00
20.00
40.00
60.00
(%)

镇

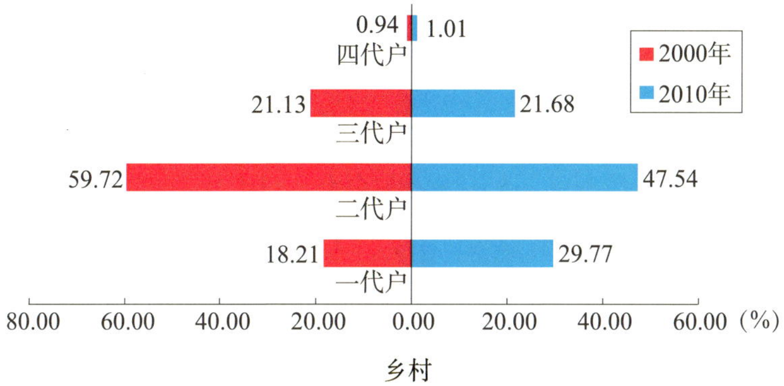

图 3－8 2000 年和 2010 年家庭户代际结构

资料来源：第五次、第六次全国人口普查

中国家庭代际结构一代化的趋势还远未结束。由于初婚年龄的进一步推迟，青年婚龄人口性别比失衡不断加剧，人口迁移和流动持续活跃等原因，一代家庭户的数量和占比将进一步增长和提高。

（二）家庭关系结构简单化

无论家庭类型，还是家庭代际结构，都反映了家庭成员彼此之间的关系。除了单人家庭，其他各个类型家庭都具有不同的关系结构。家庭关系主要包括横向的夫妻关系、同胞关系，纵向的亲子关系、祖孙关系，这些关系结构是家庭成员彼此之间互动和交流的基础框架。以核心家庭为例，夫妇核心家庭只具有一种横向的夫妻关系轴，单亲家庭只有纵向的亲子关系轴，而标准核心家庭是一种多轴关系结构，包括横向的夫妻关系轴、纵向的亲子关系轴和横向的同胞关系轴，如果是独生子女，则只有前两个关系轴。

直系家庭的关系结构更为复杂，包括多种横向关系轴和多种纵向关系轴。

伴随着家庭的类型多样化和代际结构简化，家庭关系结构也趋向简单化：从以多轴关系结构为主转变为以双轴关系结构和单轴关系结构为主。促成这一转变的直接原因主要有三个：一是因推迟生育、丁克等导致的夫妇核心家庭的大幅增长，这些家庭只存在横向的夫妻关系轴；二是独生子女家庭只具有双轴关系结构，缺失了同胞关系轴；三是单亲家庭数量增长，这些家庭只具有纵向的亲子关系轴。此外，人口迁移流动导致的“留守式”隔代家庭大幅增长，这类直系家庭的关系结构与标准核心家庭更为相似。

（三）家庭生命周期结构重心后移

家庭生命周期是指一个家庭从诞生到消亡的整个生命历程中经历的各个阶段。依照家庭发生的生命事件（如婚姻、生育、子女离家、死亡等），一个典型的、完整的家庭生命周期依次经历形成、扩展、稳定、收缩、空巢和解体六个阶段（见表3－4）。家庭生命周期各个阶段并不是孤立的，而是在家庭生命历程中前后相继、递次出现，形成一种具有内在关系的生命周期结构。

目前，在我国缺损型的家庭生命周期结构变得越来越普遍。例如，丁克家庭的生命周期就没有扩展、稳定和收缩阶段，直接从形成阶段跨越到解体阶段；独生子女家庭生命周期的扩展阶段即稳定阶段，没有收缩时期，从稳定阶段直接过渡到空巢阶段。即使经历了经典生命周期全过程的家庭，其生命周期的时序结构也出现了显著变化，表现为扩展期变得更短、稳定期变得更长、收缩期来得更早、空巢期来得更早并且持续的时间更长。例如，根据中国健康和营养调查数据，比较20世纪40年代、50年代和60年代三个出生队列户主家庭生命周期时序结构，可以发现40年代出生的户主在家庭进入空巢时的平均年龄是57.5岁，而50年代和60年代出生的户主在家庭进入空巢时的平均年龄分别为51.3岁和44.4岁，这意味着这些家庭空巢期提前到来（见表3－5）。2010年，有50%的家庭处在家庭生命周期的稳定阶段，处于收缩阶段和空巢阶段的家庭已经占到45.6%。从未来发展趋势看，在低生育率、高预期寿命条件下，中国家庭的生命周期结构将会进一步转变，简单化和重心后移趋势会更为明显。

表3－4 典型的家庭生命周期阶段

阶段	起始	结束
1. 形成	结婚	第一个孩子出生
2. 扩展	第一个孩子出生	最后一个孩子出生
3. 稳定	最后一个孩子出生	第一个孩子离开家庭
4. 收缩	第一个孩子离开家庭	最后一个孩子离开家庭
5. 空巢	最后一个孩子离开家庭	配偶一方死亡
6. 解体	配偶一方死亡	配偶另一方死亡

表 3－5　家庭事件发生时户主的平均年龄

单位：岁

家庭生命事件	户主出生年代		
	40 年代	50 年代	60 年代
结婚	26.2	26.1	23.8
第一个子女出生	27.6	27.1	25.1
最后一个子女出生	32.1	30.3	27.5
最后一个子女离家	57.5	51.3	44.4

资料来源：吴帆，2012

（四）多民族家庭越来越多

中国是一个多民族的国家，民族之间的交往非常密切，不同民族之间通婚组成家庭的现象越来越普遍。图 3－9 显示，2010 年，全国共有 1 101.96 万户由不同民族组成的家庭户，占全国家庭户总数的 2.7%。并且，多民族家庭户已遍布全国 31 个省、自治区和直辖市，其中家庭户中多民族家庭比例最高的地区是贵州省（12.5%），内蒙古自治区（11.6%）和云南省（11%）分列第二位和第三位。多民族家庭比例比较高的地区还包括广西壮族自治区（9.4%）、辽宁省（9.3%）、青海省（5.9%）、海南省（4.3%）和吉林省（4.0%），而新疆维吾尔自治区、西藏自治区的多民族家庭比例并不高，占比同为 1.4%，并列排在全国第 19 位。

在多民族家庭中，数量最多的是由两个民族组成的家庭，共有 1 081.4 万户，占全部多民族家庭的 98.1%；由三个民族组成的家庭共有 20.2 万户，占比 1.8%；由四个民族组成家庭的数量则非常少，只有 4 097 户。

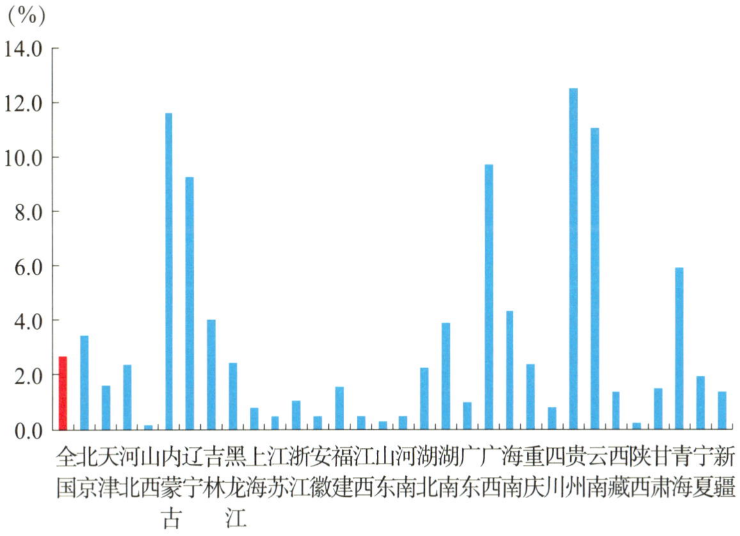

图 3－9　2010 年各省、自治区和直辖市家庭户中多民族家庭的比例

资料来源：第六次全国人口普查

第四章

家庭关系

家庭关系的变化是家庭变迁的本质特征。中国家庭关系的演变是一场悄然发生的社会变革，婚姻和家庭的观念、伦理、制度、模式以及社会性别关系和代际关系都发生了变化，对个人、家庭和社会都产生了重要影响。以家庭幸福和家庭成员自我实现为目标，以平等、民主为特征的新型家庭关系已经在越来越多的家庭中确立。

家庭关系是指基于婚姻、血缘或收养关系而形成的一定范围的亲属之间的权利和义务关系。家庭关系的范畴包括婚姻关系、夫妻关系、亲子关系和其他家庭成员之间的关系。家庭关系是家庭的本质性特征，是社会经济制度、文化、伦理等在家庭层面的具体体现，是社会关系和利益结构的缩影。恩格斯曾指出，血族关系、家庭关系是社会制度的基础，是对社会制度发生制约的重要因素。在现代化过程中，家庭的规模、类型、结构和功能等方面的变化更多地属于形式上的变化，而家庭关系的变化才是本质性的变化。

一、家庭关系的演变

中国是一个具有悠久的家庭制度历史和家庭伦理的国家，传统的家庭关系建立在封建社会制度和自然经济基础上，其特征是以血亲为主位、父子为轴心、父系单系制、父权夫权唯上，这种家庭关系制度一直是封建社会的社会基础。而当代中国家庭关系的变革无疑是一场深刻的社会变革，对于个体、家庭和整个社会都具有重大影响。新中国成立后，以 1950 年的《婚姻法》为起点，废除包办婚姻制度，推动妇女解放和男女平等，倡导移风易俗，中国的家庭关系开始打破封建坚冰，走上了现代化征程。

改革开放以来，现代化、工业化和城镇化的迅速发展，西方各种思潮和生活方式的影响，把中国的家庭关系带入了一个新的历史发展阶段，出现了全方位、整体性的变化，自主、平等、民主、情感型的家庭关系新模式成为主导的家庭关系。

专栏 4-1 中国传统社会封建家庭关系的特点

中国传统社会的家庭是宗法型、政治型、专制型的封建家庭关系，其特点如下：

实行父权家长制，由男性家长掌握家庭的权利，以血亲为主位，以父系为世系，以父子为核心，以传宗接代和光宗耀祖为家庭核心价值。

奉行长尊幼卑、男尊女卑、夫尊妻卑的家庭关系伦理，个人完全依附于家庭，妻子没有独立的人格。

实行财产男性子嗣继承制，女儿没有继承权。

实行父母“包办婚姻”、“男婚女嫁”与“从夫居”的婚姻和居住模式，女儿出嫁后与娘家没有经济往来。

在大家庭中，夫妻家庭没有独立的地位，夫妻关系服从血亲关系。

家庭功能几乎无所不包，但以生产、生育、抚幼、养老为重。

实行“男主外，女主内”的家庭性别分工模式，妻子单方面承担家务劳动的角色。

（一）家庭伦理的变革

现代化大潮不仅涤荡了封建的婚姻家庭观念，而且催生了新型的、现代化的婚姻家庭观念。一方面，人们的性观念、择偶观、婚姻观、生育观、家庭伦理观等发生了一系列变化，由此推动了家庭关系各个方面的深刻变革；另一方面，传统家庭伦理中的一些优秀元素，如孝顺和仁爱等被继承下来，融入新的家庭伦理。

（二）家庭法律制度的建立

目前中国已经形成了以《宪法》为基础，以《婚姻法》、《未成年人保护法》、《妇女权益保障法》、《母婴保健法》、《老年人权益保护法》、《继承法》、《人口与计划生育法》等法律法规及国务院行政法规为核心，以地方性法规和部门规章为补充的婚姻家庭关系法律体系。这些法律法规对婚姻关系和家庭关系的各个方面都作出了明确的具体规定。婚姻家庭法律体系的建立，标志着中国家庭关系的社会基础已经从伦理主导转变为法制主导。

（三）新型家庭关系的发展

中国的家庭关系正在从传统走向现代，从整体来看，基本上完成了五个转变：一是从血亲主位转变为婚姻主位，家庭关系轴心由血亲纵向关系转变为夫妻横向关系；二是从父系父权转变为夫妻平权和亲子平权，家庭成员无论性别、年龄和辈分，都拥有平等的权利；三是从男性家长专制转变为家庭民主决策，妻子在家庭事务中拥有平等的发言权和决策权；四是个体家庭本位取代了家族本位，家庭的私人性和独立性显著增强，并加强了家庭权力的稳固性；五是家庭生活的主体意义从传宗接代的工具性价值转变为家庭幸福和家庭成员的自我实现。这五个方面的转变标志着民主、平等的新型家庭关系的确立。

家庭关系是多种社会关系的组合，这些关系的变化及彼此之间的相互影响，促成了家庭关系的整体性、系统性的变革。

二、婚姻关系

男女双方互为配偶结合，缔结构成婚姻关系。婚姻关系的性质和特点对家庭生活质量及其他家庭关系都有着重要的、长期的影响。在中国各种家庭关系中，婚姻关系变化出现得最早，转变得也最为彻底。

（一）传统婚姻关系

中国传统社会的婚姻制度，是建立在以父系父权为基础的家长制和封建伦理基础之上的，具有五个主要特点：(1)婚姻的主要目的是传宗接代；(2)婚姻匹配原则是门当户对；(3)婚姻决策方式是“父母之命，媒妁之言”；(4)婚姻模式是男娶女嫁；(5)婚后居住模式是从夫居。

（二）婚姻关系的变革

1950年5月1日，我国颁布了《婚姻法》，这是新中国颁布的第一部基本法。这部《婚姻法》的核心内容就是废除包办强迫、男尊女卑、漠视子女利益的封建主义婚姻家庭制度，实行婚姻自由、一夫一妻、男女平等、保护妇女和儿童权益的婚姻家庭制度。在《婚姻法》的推动和影响下，恋爱自由、婚姻自主、夫妻平等的新型婚姻观念和婚姻模式普遍流行。

中国的婚姻关系变革有两个重要的特点：一是父母包办

婚姻现象的大幅度减少乃至基本消失。根据1982年中国五城市家庭调查结果，1937年以前结婚的妇女中有一半以上是由父母包办。根据当代中国七城市调查数据，到了1984～1993年完全自主的婚姻比例为52%，加上半自主婚姻，比例超过72%。二是晚婚的普遍流行。1982年以来男女平均初婚年龄持续提高，2010年男性平均初婚年龄为26.5岁，女性平均初婚年龄为24.6岁，分别比1990年提高了2.7岁和2.5岁（见图4-1）。另一组数据也证明了这个变化，2010年第六次全国人口普查显示，20～24岁组的未婚比例，男性为82.4%，女性为67.6%，分别比1990年提高了23个百分点和27个百分点；25～29岁组的男性未婚比例为36.3%，女性为21.6%，分别比1990年提高了21个百分点和17个百分点。

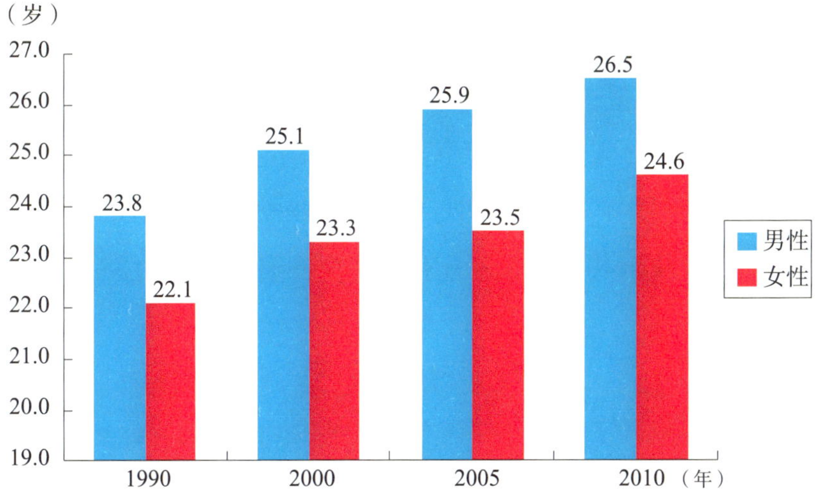

图4-1 男女平均初婚年龄的变化

资料来源：国家统计局，国家数据库

（三）新型婚姻关系确立

随着社会进步和女性发展水平的不断提高，以及相关法律的不断完善，新的婚姻观念和婚姻模式已经确立，主要体现在六个方面：（1）个人本位或夫妻本位的婚姻制度取代了家（族）本位的婚姻制度；（2）情感需求取代传宗接代，成为婚姻的首要目的；（3）个人特质和情感成为决定婚姻匹配的重要因素；（4）恋爱自由和婚姻自主取代“父母做主，媒妁之言”，成为主导的婚姻决策方式；（5）夫妻平等的婚姻模式成为社会主流，女性的权利得到了比较充分的保障；（6）婚后居住模式从从夫居转变为夫妻自由选择，形成了多样化的居住模式。新的婚姻观念和婚姻模式的确立，是中国社会的重大进步，它一方面提高了婚姻质量和家庭福利水平；另一方面也促进了女性发展和社会性别平等。

中国婚姻关系的另一个重要变化是离婚率持续升高。根据民政部的数据，2004～2012 年，中国的离婚数量从 166.5 万对增加到 310.4 万对，增加了 86.4%；离婚率从 1.3‰提高到 2.3‰（见图 4－2）。其中，协议离婚成为离婚的主要方式，2012 年协议离婚共计 242.3 万对，占全部离婚数量的 78.1%。

三、夫妻关系

在中国传统男权社会的家庭中，夫妻关系是次级关系，依附于血亲关系，奉行“夫为妻纲”和“夫唱妇随”的夫权伦理。妻子在家庭中的地位非常低，没有人身权利，甚至

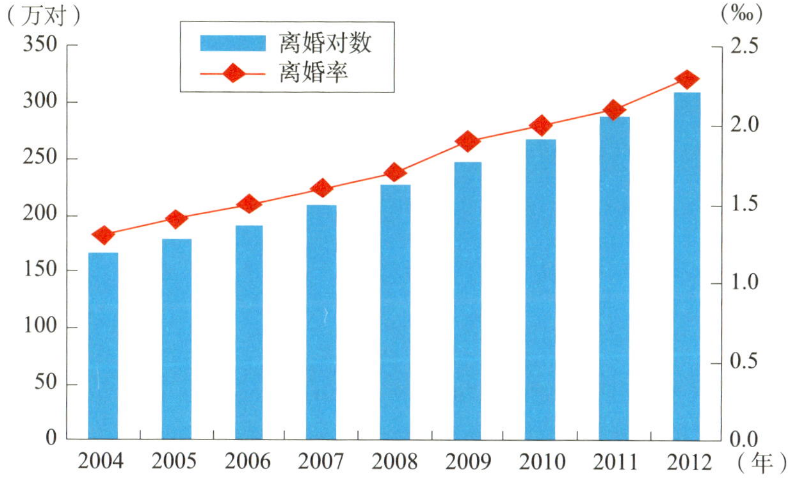

图 4－2 中国离婚对数和离婚率的变化

料来源：民政部，2005～2013 年的社会服务发展统计公报、民政事业发展公报

只是被当作传宗接代的工具。在现代社会，夫妻平等地享有权利和义务，法律地位平等。在这种夫妻关系模式中，妻子不再服从和依附于丈夫，而是具有独立的人格，与丈夫平等地享有人身权利、财产权利、教育子女权利和家庭事务决策权，丈夫同样承担家庭的责任和义务。中国的《婚姻法》也充分体现了夫妻平等原则。

平等的夫妻关系建立在平等的社会性别关系基础之上。由于受教育水平和收入水平的提高，在社会、经济和政治领域的广泛参与，以及社会性别平等程度的提升，女性独立自主的意识和能力不断增强，夫妻关系正在从法律上和观念上的平等走向实际生活中的平等。家庭关系格局也因此发生改变，妻子的家庭地位提升，夫妻关系的重要性提高，成为与亲子关系并重或超过亲子关系的家庭关系主轴。“男主外、女主内”的家庭分工模式在许多家庭中已经发生了改变，2010年第三期中国妇女社会地位调查结果显示，在家庭中，社会资源禀赋更高的女性，一般具有更高的家庭地位，具体表现为拥有更高教育程度、更高收入水平以及更高职业级别（声望）的女性，其家庭地位及主观感受往往更为平等。在家庭事务决策中，女性的参与程度不断提高。在“家庭投资或贷款”决策上，由夫妻共同商量及主要由妻子决定的比例达到74.7%，比10年前提高了14个百分点；在“家庭日常开支”、“从事什么生产/经营”和“买房、盖房”的决策上，妻子参与决策的比例分别为84.9%、72.6%和74.5%，女性在个人各项事务方面做主的比例基本上都超过90%；男女分担家务劳动的理念得到普遍认可，86.6%的受访者认同“男性应该主动承担家庭劳动”。

专栏4-2 《婚姻法》中有关婚姻和家庭关系的规定

第二条 实行婚姻自由、一夫一妻、男女平等的婚姻制度。

第三条 禁止包办、买卖婚姻和其他干涉婚姻自由的行为。

第四条 夫妻应当互相忠实，互相尊重；家庭成员间应当敬老爱幼，互相帮助，维护平等、和睦、文明的婚姻家庭关系。

第五条 结婚必须男女双方完全自愿，不许任何一方对他方加以强迫或任何第三者加以干涉。

第九条 登记结婚后，根据男女双方约定，女方可以成为男方家庭的成员，男方可以成为女方家庭的成员。

第十三条 夫妻在家庭中地位平等。

第十四条　夫妻双方都有各用自己姓名的权利。

第十五条　夫妻双方都有参加生产、工作、学习和社会活动的自由，一方不得对他方加以限制或干涉。

第十七条　夫妻对共同所有的财产，有平等的处理权。

第二十条　夫妻有互相扶养的义务。

第二十一条　父母对子女有抚养教育的义务；子女对父母有赡养扶助的义务。

第二十二条　子女可以随父姓，可以随母姓。

第二十三条　父母有保护和教育未成年子女的权利和义务。在未成年子女对国家、集体或他人造成损害时，父母有承担民事责任的义务。

第二十四条　夫妻有相互继承遗产的权利。父母和子女有相互继承遗产的权利。

第二十八条　有负担能力的祖父母、外祖父母，对于父母已经死亡或父母无力抚养的未成年的孙子女、外孙子女，有抚养的义务。有负担能力的孙子女、外孙子女，对于子女已经死亡或子女无力赡养的祖父母、外祖父母，有赡养的义务。

第二十九条　有负担能力的兄、姐，对于父母已经死亡或父母无力抚养的未成年的弟、妹，有抚养的义务。由兄、姐抚养长大的有负担能力的弟、妹，对于缺乏劳动能力又缺乏生活来源的兄、姐，有扶养的义务。

需要指出的是，虽然平等、和谐的夫妻关系正在成为中国夫妻关系发展的主流，但是传统观念并没有彻底退出历史舞台，仍然影响着一些人的行为方式。例如，在市场经济和社会转型中，社会性别利益结构变化出现了一些不利于社会

性别平等的因素，甚至出现了传统社会性别观念的回潮。这些因素给一些家庭的夫妻关系带来负面影响。第三期中国妇女社会地位调查结果显示，61.6%的男性认同“男人以社会为主，女人以家庭为主”，54.8%的女性也认同这个观点，分别比10年前提高了8个百分点和4个百分点；有48.0%的女性认同“干得好不如嫁得好”。

家庭暴力是夫妻关系不平等的一种极端表现。在性别不平等的文化环境下，家庭暴力甚至被当作控制女性、维护男性权利的惯常手段。世界卫生组织的一项多国调查结果显示，有15%~71%的女性曾遭受来自配偶或性伴侣的身体暴力或性暴力。在中国，针对女性的家庭暴力现象仍比较常见。第三期中国妇女地位调查发现，在整个婚姻生活中曾遭受过配偶侮辱谩骂、殴打、限制人身自由、经济控制、强迫性生活等不同形式家庭暴力的女性占1/4，其中表示遭受过配偶殴打的比例为5.5%；家庭暴力现象在农村更为严重，超过三成的农村已婚妇女遭受过来自配偶的各种形式的家庭暴力，比城镇已婚女性高出10个百分点。

四、代际关系

代际关系是家庭关系的重要方面，指具有血缘关系或收养关系成员之间的纵向关系。代际关系的性质决定着家庭整体关系的结构和秩序，在传统社会，家庭代际关系甚至是整个社会秩序的基础。家庭代际关系的核心是亲子关系，即亲子之间的义务、责任、权利、亲情和交换等诸多关系。

（一）新型家庭代际关系正在形成

在市场经济发展、社会转型和现代化的社会背景下，中国的家庭代际关系发生了明显变化。2010 年一项对七省区家庭的调查发现，家庭代际关系处于变化和进步之中，主要体现在四个方面：一是亲子家庭地位平等基本实现；二是亲子之间的义务、责任和权利关系增强；三是亲代对成年子代行为控制降低，各自经济独立成为主流；四是亲子生存空间扩大，代际矛盾减少。此外，家庭代际居住模式从过去的“三世同堂”转变为亲代家庭与子代家庭的“分而不离”，家庭关系功能通过“家际”之间的互动实现。总之，以平等、民主、密切交往为基本特征的新型家庭代际关系正在形成。

（二）家庭资源代际流动呈多元模式

家庭代际关系实际上是各类家庭资源在代际之间的流动，具体包括代际之间的经济支持、情感交流、安全保障和生活照料等。家庭资源的代际流动有两个流向：一是向下流动，即从亲代流向子代；二是向上流动，即从子代流向亲代。在家庭生命周期不同阶段和家庭成员生命周期的不同阶段，代际资源流动的方向和内容都有所不同（见表 4－1）。费孝通把中国的家庭代际关系概括为“抚育－赡养”，即亲代抚育子代、子代赡养亲代的“反馈模式”。与此相对应的是流行于西方社会的“接力模式”，即亲代抚育子代，但缺少赡养环节（见图 4－3）。但中国家庭代际关系并非只有

“抚养－赡养”一种关系形式，在成年子女和壮年父母之间还存在交换关系。因此，完整的代际关系既有“抚养－赡养”关系，又有交换关系。目前，中国的家庭代际资源转移还出现了另外三个模式：一是隔代赡养，即成年孙子女赡养祖父母或外祖父母。随着老年人寿命的延长，这种隔代赡养变得越来越多。二是隔代抚育，即祖父母或外祖父母抚育未成年孙子女。由于大批的农村青壮年外出打工，他们的子女留在家乡由祖父母抚养的现象在农村十分普遍。此外，即使在城市，也有许多祖父母或外祖父母为其孙辈提供照料支持。三是逆向支持，即老年父母在经济上帮助成年子女。2008 年中国健康与养老追踪调查数据显示，家庭资源的代际转移呈现向上流动和隔代向下流动的特征，即经济状况较差的老年人获得了子女较大的经济帮助，老年人对孙辈提供经济支持也成为非常普遍的现象。

表 4－1　家庭生命周期不同阶段的资源代际转移

家庭阶段	代际转移的类型	代际转移的内容	代际转移的方向
形成	亲情回报型利他主义 服务互惠型交换主义 资源获取型交换主义	经济转移为主 时间转移为辅	向下转移为主 向上转移为辅
扩展 稳定	亲情回报型利他主义 服务互惠型交换主义 规范义务型利他主义 资源获取型交换主义	经济转移为主 时间转移为辅	向上转移为主 向下转移为辅
收缩	亲情回报型利他主义 规范义务型利他主义	经济转移为主 时间转移为辅	向上转移为主 向下转移为辅
空巢 解体	亲情回报型利他主义 规范义务型利他主义	时间转移为主 经济转移为辅	向上转移为主 向下转移为辅

资料来源：刘晋飞，2012

图 4－3 两种家庭代际关系模式

五、亲属关系

亲属关系是扩展的家庭关系，是依据血缘、姻缘及其他亲缘关系组带缔结的家庭关系网络，既包括父母与已婚并分家另过的子女的关系，又包括夫妻双方与各自血缘、亲缘之间的关系。亲属关系是一种圈层网络结构，内圈亲属是由具有赡养和继承关系的成员所建立相对独立的两个及以上单元家庭组成的家庭组织；次内圈亲属是由兄弟姐妹的家庭之间组成的亲属关系；外圈亲属则是由父系和母系的旁支亲属组成的亲属关系。

亲属关系自古以来就已存在，但是在现代社会，亲属关系的形态、性质、功能及规模都发生了很大变化。中国当代社会的亲属关系变化具有以下特点：

（一）直系亲属网络式家庭的兴起

直系亲属关系从以家庭内部关系为主，转变为亲代家庭与子代家庭之间的“家际”关系为主。联合家庭几近消失，但并没有削弱父母与已婚另立门户的子女之间的关系，而是变形为“分而不离”的网络式家庭的形式继续存在，并发挥着重要功能。例如，2010 年五个城市家庭结构和家庭关系的调查发现①，有超过 12% 的成年人仍然与父母同住，20.3% 的成年人住在父母附近，68.9% 的人没有离开父母居住的城市（见图 4 -4）。与传统的联合家庭及直系家庭相比，除了继续保持了代际之间的密切关系，网络式家庭还具有三个明显的优势：一是使个体家庭获得了独立性，自由空间扩大，无论是亲代家庭还是子代家庭，都是如此；二是更适应现代社会的生活方式和节奏，家庭效用生产率更高；三是更具有弹性，可以更有效地应对内部和外部的变化。根据具体情况和需要，网络式家庭可以有序分合，例如，当父母年迈或因病需要长期照料时，网络式家庭中的某一个子代家庭就会与亲代家庭重新组合为直系家庭。

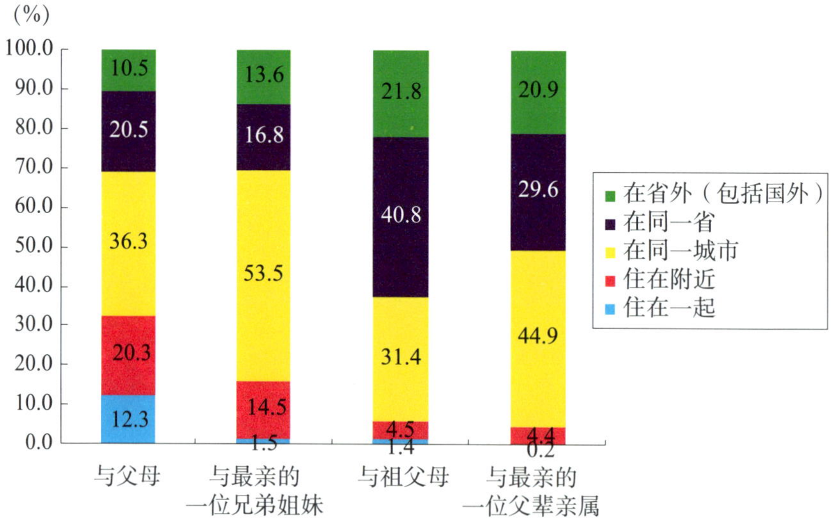

图 4 -4　五城市 18 岁以上成年人与亲属之间居住距离分布情况

资料来源：唐灿等，2012

① 这五个城市包括广州、杭州、郑州、兰州和哈尔滨。

（二）亲属网络从父系单系制转向父母双系制

传统社会的亲属关系以父系血亲为第一序位，无论是情感凝聚、资源交换还是财产继承，都是以父系单系制为基础。新中国成立后，由于男女平等、夫妻平等关系的发展，父系单系制一统天下的局面已经发生改变。尤其是改革开放以后，妻子对家庭收入的贡献增加，夫妻平等程度不断提高，家庭财产增长和形式多样化，独生子女家庭的大量出现，姻亲交往密切等，都使母系的重要性增加，尤其在城市，父母双系并重的亲属网络已经十分普遍。从公平和效率两个角度看，父母双系制都比单系制进步。父母双系制的形成与发展是中国当代家庭关系的一个重要变化，是家庭制度的一个重要变革。这种变革的出现不仅是因为家庭结构和家庭内部需求的变化，还受到外部环境变化的影响。例如，现代法律制度为双系网络式家庭的产生创造了制度环境，城镇化也推动了父母双系网络式家庭的发展。

（三）亲属关系中差序格局的转变

亲属关系结构从以血缘为中心的亲疏远近的差序格局，转变为以互惠互利为前提的亲疏远近的差序格局。“利益原则”、“经济利益纽带”、“合作的有效和互惠的维持”等理性因素越来越多地替代疏密不同、远近有别的血亲、姻亲关系，改变了传统亲属关系的内涵。换言之，亲属关系网络内部的每一个成员所处的位置在形式上虽然仍以血亲、姻亲或其他亲缘关系来确定，但实质上的地位是由其社会地位所决定的。在社会转型和社会阶层分化的条件下，亲属网络内部成员的社会地位也出现分化，那些社会地位高、能力强、对亲属帮助大的成员在亲属网络中往往居于重要地位和拥有较强的影响力。

（四）亲属关系的功利性增强

亲属关系网络具有一定的功能，既可以促进情感交流和增强凝聚力，又可以实现亲属之间在经济上或其他方面的相互支持。在中国当代社会，亲属关系网络的工具性、功利性和互惠性显著增强，作用空间和领域也不断扩大，并与亲属外部的社会关系、经济关系交织在一起，成为一种重要的社会资本。

（五）亲属关系网络规模缩小

亲属关系网络的缔结主要是通过血缘关系和姻缘关系，因此亲属关系网络的规模取决于家庭人口数，由于生育率的下降，独生子女家庭和少子女家庭的亲属网络的自然基础被大大削弱，不仅家庭亲属网络规模缩小，结构也变得更加简单。

第五章

家庭功能

家庭功能对每一个家庭成员乃至整个社会都具有不可或缺的价值。家庭各项基本功能的正常发挥是维持家庭成员身心健康和发展的前提，也是社会和谐发展的重要保证。在社会与家庭变迁中，中国家庭的功能出现了福利化趋势，家庭对外部支持的依赖程度变得越来越高，家庭与社会之间的联系也因此变得越来越紧密。

家庭是一个具有功能构造的社会组织，家庭功能体现了家庭对每一个成员不可或缺的实际价值。不仅如此，家庭功能的实际意义远远超出家庭的边界，是促进社会发展的重要力量。即使在现代社会，家庭依然是一种重要的社会再生产组织，发挥着人的再生产、社会成员的再生产、劳动力的再生产、物质生活的再生产以及文化的再生产等功能。家庭功能是家庭的生命力所在，是家庭发展的动力，同时也决定着家庭在社会中的地位。如果家庭关系的改变是家庭变迁的本质性特征，那么对于个人、家庭以及社会更具有实质性意义的改变是家庭功能的变化。因此，家庭功能的变化是家庭变迁与社会和经济发展互动的结果，也是公共政策保护家庭、支持家庭发展的切入点。

一、家庭功能的变化

家庭功能是指家庭系统中家庭成员的情感联系、家庭规则、家庭沟通以及应对外部事件的有效性，可以为家庭成员生理、心理、社会性等方面的健康发展提供一定的环境条件。家庭功能是一个复杂的系统结构，包括生物功能（性和生育）、心理功能（情感交流和精神慰藉）、经济功能（生产、分配、交换和消费）、抚育和赡养功能、教育功能（社会化和家庭教育）、保护功能、地位功能、宗教功能、娱乐和文化功能等。家庭功能是家庭存在的基础，也是家庭区别于其他社会组织的本质特征之一。个人的许多需求是在家庭内部并通过家庭来满足的，因此，家庭是满足家庭整体及家庭成员个体需求的社会基本单元，它既不同于市场，也不同于政府或其他社会组织。

实际上，家庭功能是历史的产物，是社会赋予家庭的责任。因此，随着社会经济条件的变化，家庭功能也会发生变化。从历史的角度看，家庭功能的变化主要是经济发展和社会进步的结果。在中国传统社会，家庭是一个几乎无所不包、无所不能的功能组织，个人和社会都对家庭高度依赖。改革开放以后，随着经济发展、社会进步、人口转变和家庭变迁，家庭功能发生了多重变化。

（一）家庭经济功能收缩

与传统社会的家庭相比，现代家庭的功能范围大大收缩。尽管因社会转型导致的社会阶层分化，使家庭的地位功能在一定程度上出现了复归，但是作为家庭主要功能的经济功能则出现明显收缩。城市居民家庭的生产功能已经基本丧失。在农村，土地承包责任制使人民公社时期消失了的农村家庭生产功能又重新恢复，但随着收入来源的多元化，尤其是工资性收入贡献份额的大幅度提高，家庭生产功能的重要性开始下降。根据国家统计局数据，1990 年农村居民家庭经营性收入占纯收入的3/4，而2012 年有43.5%是来自工资性收入，基本上与家庭经营性收入贡献率持平。从整体上看，家庭功能范围收缩是主要趋势。

（二）家庭功能的分化和弱化

随着家庭类型的多样化和家庭结构的简单化，家庭功能也出现了分化，一些家庭功能因需求消失而关闭，例如，丁克家庭的生育功能、抚育功能和社会化功能都被关闭；一些功能因家庭结构不完整或能力缺失而弱化甚至丧失，例如，单人家庭几乎只存留了消费功能，老年人家庭丧失了赡养功能，单亲家庭的抚育功能弱化，留守家庭的性功能和儿童社会化功能弱化等。需要指出的是，家庭功能的运行、关闭或丧失与家庭所处的生命周期阶段有关，在家庭进入下一阶段后某些功能可能重启。但是，由于家庭类型和结构变化带来的家庭功能关闭或丧失则会导致家庭对外部支持的更大需求。

（三）家庭功能外化

由于家庭功能难以满足日益增长且不断丰富的家庭需求，有越来越多的家庭需求需要通过外部供给获得满足，因而出现了家庭功能外化的趋势，即一些家庭功能被社会专业化组织所接替或部分替代，这一点在教育功能上表现得尤为突出。近年来，随着学前教育的发展，社会专业教育机构对家庭教育的介入已经提前到孩子 3 岁之前。家庭功能的外化还有一种特殊形式，即一些家庭需求是通过网络式家庭的功能来实现的，网络式家庭的功能可以弥补或补充其成员家庭丧失或弱化的功能。例如，虽然老年人家庭丧失了赡养功能，但可以通过与子代家庭组成网络式家庭来实现家庭赡养，因此家庭养老仍然是老年人生活安排的首选和主要形式。

（四）家庭功能重心位移

在工业化、城市化以及低生育率和老龄化的背景下，家庭功能的重心发生了位移，更加偏向于情感、消费、照料、安全、娱乐等福利性功能，其中有两个转变最为突出。第一个突出变化是生物功能的重心从生育移向性。中国传统社会的家庭生物功能的重心是生育，传统的生育伦理是“不孝有三，无后为大”，尤其是生育男孩传宗接代被视为夫妇必须承担的责任。在旧中国曾普遍存在着妻子年龄大于丈夫年龄的现象，其目的就是为了能够更早地实现生育意愿，女性被看作是生育的工具，她们几乎没有性权利。在中国现代社会，这种局面已经发生了根本性的变化，一方面，随着女性地位的提高、婚姻观念和性观念的转变，夫妻性生活在家庭生活质量中的重要性不断提升；另一方面，由于计划生育政策实施和生育观念的转变，绝大多数夫妇只生育 1～2 个孩子，90% 的女性在 35 岁之前就完成了生育，这意味着实际生育期占整个育龄期的比例很小。这两方面的变化，都导致了家庭生物功能的重心从生育转向性。第二个突出变化是经济功能的重心从生产功能转向消费功能，并且休闲和娱乐功能得到强化。改革开放以来，城乡居民家庭收入的增长、恩格尔系数的下降（见图 5－1）、闲暇时间的增加、个人和家庭的消费水平的不断提高、消费内容的不断丰富、消费形式的多元化、对生活质量和健康的追求等，都使家庭的消费功能变得越来越重要，家庭消费模式从过去的生存型消费转变为现在的发展型、享受型消费。家庭功能重心的位移意味着家庭已经从生育共同体和经济共同体转变为生活共同体和福利共同体，这个变化体现了社会进步。

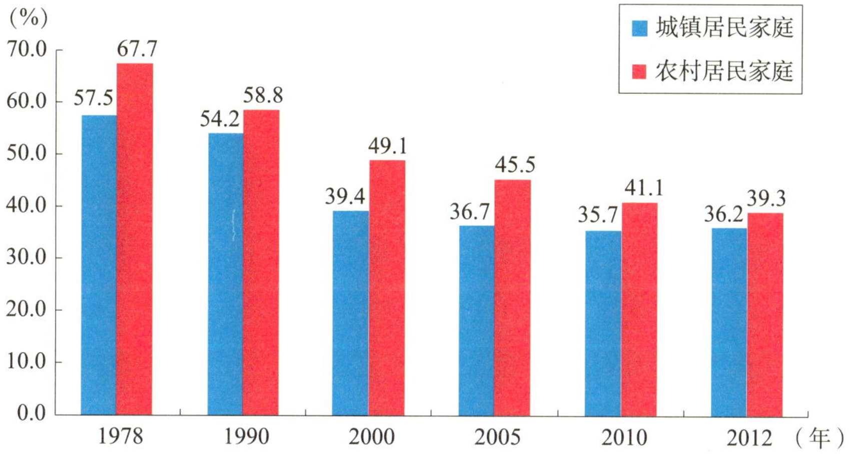

图 5－1　中国城乡居民家庭恩格尔系数的变化

资料来源：国家统计局，国家数据库

二、家庭功能实现能力的变化

家庭各项基本功能的正常发挥是维持家庭成员身心健康和发展的前提。家庭功能的实现程度取决于家庭功能的实现能力。换言之，即使具有同样功能的家庭，因能力不同，家庭功能实现的程度也会有差别。家庭功能实现能力是指家庭功能实现的条件，包括家庭完整性、家庭凝聚力、家庭资源（人力资源、时间资源和经济资源）以及家庭发展策略等。

在家庭变迁中，不仅家庭功能发生了变化，家庭功能的实现能力也在发生变化，这些变化直接影响到家庭的福利水平。从整体来看，影响中国居民家庭功能实现能力的各种因素的变化不尽相同，增强家庭功能实现能力因素有三方面：一是家庭经济资源的增加，尤其是家庭收入的增长。根据国家统计局的数据显示，2012 年城镇居民家庭人均可支配收入达到 24 565 元，扣除物价变化影响后，比 2000 年增加了将近 2 倍，比 1978 年增加了 10.5 倍；农村居民家庭人均纯收入达到 7 917 元，扣除物价变化影响后，比 2000 年增加了 1.4 倍，比 1978 年增加了将近 11 倍（见图 5－2）。收入水平的提高为各项家庭功能的正常发挥提供了必要的物质基础，提高了家庭效用生产的水平和效率。一方面，它直接强化了家庭的消费功能；另一方面，它通过购买商品和服务在一定程度上弥补了家庭照料、赡养等方面功能的弱化。二是家庭人力资本存量增加。由于教育事业的发展，人口受教育状况显著改善，受过中等教育和高等教育的人口比重大幅度增长，使许多家庭的人力资本存量水平有了很大提高。家庭人力资本可以增强家庭功能的实现能力。三是家庭发展策略更加丰富。由于收入的增长、就业市场弹性的增加、信息网络的发展、公共服务和社会服务的发展，家庭发展策略有了更多的选择，家庭资源配置更加优化，因而提升了家庭功能的执行效率。

从家庭内部因素看，不利于家庭功能实现的因素主要有四方面：一是时间资源变得越来越稀缺。时间是影响家庭功能实现的最重要资源之一。由于市场经济发展和社会转型导致的社会竞争日趋激烈，家庭投入各种效用生产上的时间竞争性增强，收入增长带来的时间价格的上升等，都提高了家庭时间资源的稀缺程度。二是家庭人力资源变得越来越稀

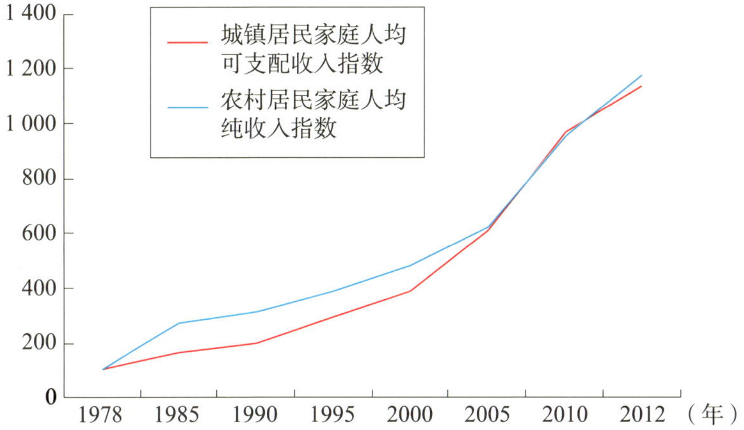

图 5－2　城乡居民家庭人均收入指数（1978 年＝100）

数据来源：国家统计局，国家数据库

缺。在家庭结构简单化和规模小型化、微型化的情况下，家庭的人力资源大幅缩减，尤其是在家庭照料、抚养和赡养上可投入的人力资源变得非常短缺。三是家庭完整性的缺失。单亲家庭、隔代家庭、留守家庭、独居老人家庭等残缺型家庭的数量迅速增加，这些家庭因结构残缺削弱了家庭功能的实现能力，因而使其面临着更多的困难。四是家庭生活在空间上的分离。大规模的乡－城人口流动造成了流动人口家庭生活安排的分离，主要表现为家庭劳动力在外地工作和生活，而儿童、妇女和老人留在农村形成大量的留守家庭。家庭的离散化给夫妻关系、儿童成长和老人赡养都带来十分不利的影响。

实际上，家庭功能的变化折射出社会的进步和变化。虽然家庭的一些基本功能并未随着家庭变迁而衰退或消失，但的确有越来越多的家庭存在功能缺陷，处于功能应备而无备的困难境地。

三、家庭功能的供给与需求

家庭功能是相对于家庭成员的需求而言的，换言之，家庭功能与家庭需求是一组对应结构，这种对应结构的均衡程度决定了家庭的整体福利水平及每一个家庭成员的生活质量。因此，家庭功能问题的关键在于家庭功能的变化是否与家庭的需求变化相一致，功能供给与需求是否处于均衡状态。

在以自然经济为基础的传统社会，家庭是集生产、生活、生育及其他社会功能为一体的制度安排，并且与家庭成员的需求基本上是对应的。这种供求自我均衡机制是建立在完整的家庭功能结构基础上的，并可以实现家庭功能供求关系的内部均衡，即家庭基本上不存在外部依赖（见图5－3）。但是，这种状态只是一种低水平的均衡，除了家庭生育功能因传宗接代的生育需求在高位上运行，即“高需求－高供给”模式，其他功能基本上都处在“低需求－低供给”的状态。

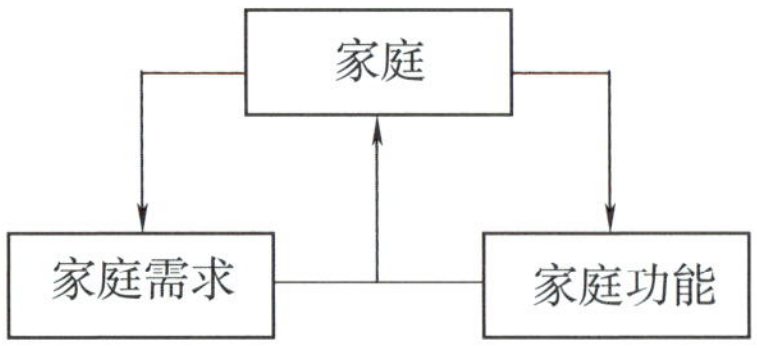

图5－3　传统社会中家庭的自我供求均衡

在社会和家庭迅速变迁的背景下，现代中国城乡家庭的功能与需求对应结构和均衡条件都发生了改变。第一，家庭需求发生了变化。随着经济社会发展和生活水平提高，家庭及家庭成员的需求发生了巨大变化，表现在需求范围扩大，需求层次提高，需求内容丰富，远远超出了家庭功能的支持能力和作用范围。第二，家庭功能效率比较优势下降。专业化社会组织和市场发展取代、接续和补充了家庭的一些重要功能。第三，家庭资源结构发生了变化。家庭资源主要包括经济资源（收入和财产）、人力资源、时间资源和社会资源，这些资源是家庭功能得以正常发挥的基础。虽然这些资源在一定程度上可以彼此替代，但由于家庭效用的生产是时间密集型和人力密集型的活动，对绝大多数家庭而言，这两类资源都变得更为稀缺，因此，家庭转向寻求外部的供给（如市场购买）。第四，制度安排和社会政策的影响。长期实行的城乡分隔和地区分离的户籍制度、教育制度、社会保障制度、医疗保险制度、住房制度以及计划生育政策等，都给家庭功能的供求关系带来了影响。

上述变化导致了家庭功能与家庭需求关系的失衡，家庭功能供求自我均衡机制失灵。中国现代社会的家庭功能结构已不再完整，家庭功能的许多方面不能完全依靠家庭自身的力量来实现，或者不能完全在家庭内部完成。换言之，家庭已不再是一个无所不包、无所不能的功能组织，家庭需求的满足对外部的依赖程度变得越来越高，家庭与社会的联系也因之越来越紧密（见图 5－4）。目前因家庭功能缺陷或社会支持不足而造成的家庭功能供求关系失衡主要集中在两个方面。

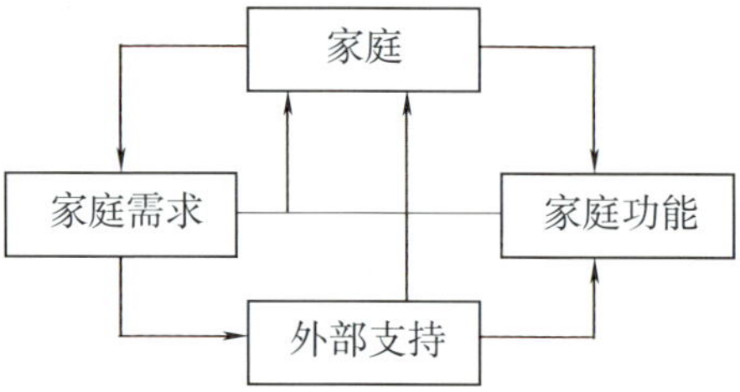

图 5 –4　现代社会中家庭的外部依赖

资料来源：吴帆、李建民，2012

（一）家庭功能残缺与家庭功能需求之间的矛盾

因家庭结构不完整导致的家庭功能残缺是家庭发展中面临的一个重要问题，这些家庭的一些基本功能需求难以得到满足，直接影响到家庭及家庭成员的生活与发展。目前，中国主要有两类这样的家庭存在功能残缺：一类是因人口流动导致家庭生活安排分离，从而造成家庭功能的残缺；另一类是单亲家庭、单身老人家庭及其他结构不完整家庭的功能残缺。

由于人口大规模流动，家庭生活安排的分离已经成为普遍现象（见图 5 –5、图 5 –6）。2012 年国家人口计生委流动人口动态监测调查数据显示，超过四成的流动人口家庭处于居住分离状态。在已婚流动人口家庭中，有超过 1/3 的家庭是子女与父母居住分离，有将近 1/10 的家庭是夫妻居住分离，其中，农村户籍流动人口家庭子女居住分离的情况比城镇户籍流动人口家庭更为严重，在农村形成了大量的留守家庭。2008 年一项基于 6 个省的 30 个县农村家庭抽样调查结果显示留守家庭的特点有：一是家庭规模缩小，由原来的以 3 ~6 人为主缩减到以 2 ~4 人为主；二是家庭代际结构简化，45.8% 的家庭代数减少了一代或两代；三是留守家庭以空巢家庭、单亲家庭和家庭结构比较复杂的家庭为主要类型。家庭成员的生活分离，尤其是家庭主要成员的长期外出，导致了留守家庭功能的失衡，家庭的情感功能、抚养和社会化功能、养老功能、安全功能都出现了比较严重的残缺，给家庭及其成员带来了多方面的负面影响。

单亲家庭是典型的结构缺损家庭，其家庭功能也受到严重影响。单亲家庭的收入水平和生活质量明显低于双亲家庭。单亲家长，尤其是单亲母亲在精神上和生活上都承受着沉重的压力。单亲家庭因缺失了夫妻关系而使家庭稳定的“三角结构”解体，未成年子女受到很大影响。处于单亲家

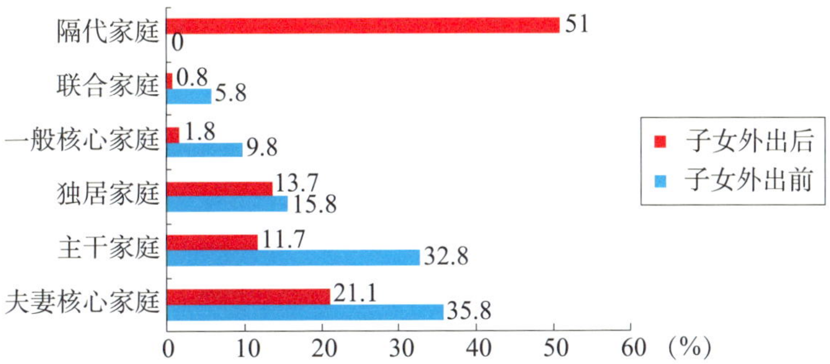

图 5 –5　农村留守老人居住方式在子女外出前后的变化

资料来源：贺聪志等，2010

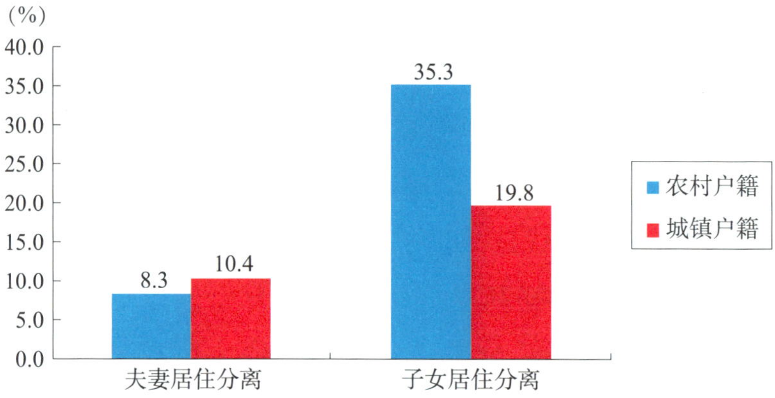

图 5-6　2012 年流动人口家庭居住分离情况

资料来源：国家卫生计生委，2013

庭环境中的儿童有明显的抑郁、焦虑、脱离现实等倾向，他们比完整家庭的孩子具有更大的心理健康风险。

就养老而言，单身老年人家庭是老年人家庭中最为困难的家庭，这些家庭几乎丧失了养老功能。单身老年人的养老方式主要是自养，或者通过网络式家庭获得子女照料。如果他们的身体状况不佳、生活不能自理，或者子女远在外地的话，就会陷入困境。因此，单身老年人是社会养老的主要需求者。

（二）家庭养老需求增长与家庭养老功能弱化之间的矛盾

赡养老人是家庭的重要功能，生活照料和精神慰藉对于老年人的生活质量至关重要。目前，我国 90% 以上的老年人是在家庭中养老。随着老年人口的快速增长和老年人寿命的延长，家庭的养老需求已经进入了迅速增长阶段。

老年人生活照料需求也出现了较快的增长。根据全国城乡失能老年人状况研究显示，2013 年全国失能老年人数达 3 750万，预计 2015 年失能老年人数将超过 4 000 万。2008 年中国健康与养老追踪调查数据发现，老年人日常生活自理能力（ADL）和工具性日常生活能力（IADL）[①] 都存在不同程度的功能性障碍，并且随着年龄的增长，有功能性障碍的比例提高，有近 1/4 的老人不能独立完成日常生活（见图 5 -7）。

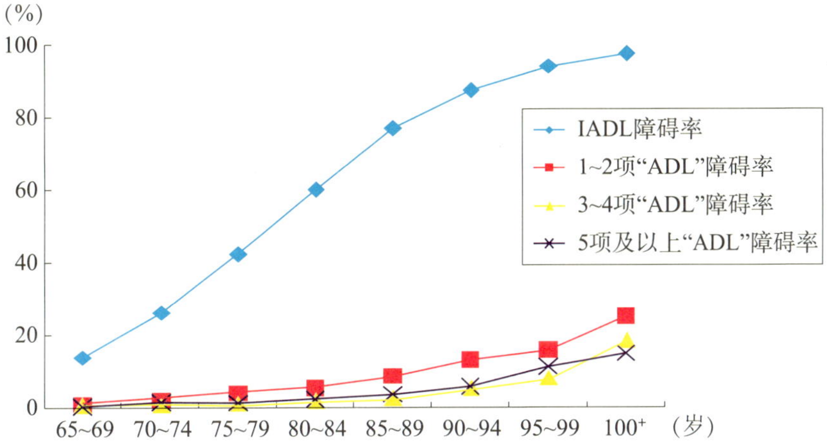

图 5 -7　2008 年老年人 ADL 障碍率和 IADL 障碍率

资料来源：尹尚菁等，2012

与家庭养老需求迅速增长形成鲜明对照的是，由于家庭人力资源短缺和时间资源紧张，家庭的养老能力被削弱，其中农村留守老年人家庭、独居老人家庭的养老问题最为突出。因家庭结构不完整造成的家庭养老功能弱化或缺失

① ADL 包括吃饭、穿衣、上厕所、洗澡、控制大小便、室内走动的能力，IADL 包括到邻居家串门、独自外出买东西、举起 5 千克重物、洗衣服、做饭、连续走 2 公里、连续蹲下站起 3 次、独立乘坐公共交通工具出行等能力。

是有老年人的家庭面临的最大问题。

专栏 5-1　家庭功能对老年人生活和健康的影响

家庭是老年人最重要的生活保障，可以给老年人提供经济支持、生活照料和精神慰藉，良好的家庭功能是实现这种保障的必要条件，是直接影响老年人身心健康的重要因素，以下几项调查都有类似的发现。

· 2005 年中国老年长寿跟踪调查：老年人居住方式对老年人的健康具有重要影响，与家人居住在一起的老人比其他居住方式的老人健康自评更为积极。

· 对安徽省 2 212 例 60 岁以上的老年人调查：有 11.2% 的老年人家庭功能出现严重障碍，有 34.1% 的老年人家庭功能存在中度障碍。研究发现：老年人年龄越大，家庭功能状况越差；未婚老年人比已婚老年人在家庭功能方面更易产生障碍；老年人孤独感越高，社会支持越少，老年人家庭的功能障碍越严重。

· 对锦州市老年大学 1 015 名 60 岁以上老年学员的调查：有 8.4% 的老年人家庭功能出现严重障碍，有 29.8% 的老年人的家庭功能存在中度障碍。研究发现，随着年龄的增长和慢性病患病的发生，老年人家庭功能呈下降趋势，老年健康状况与家庭功能之间存在高度正相关。

四、对家庭功能的社会支持

家庭功能的实现或正常发挥取决于家庭结构的完整性，而家庭变迁打破了这种完整性，进而从整体上改变了家庭的功能结构。同时，家庭变迁也改变了家庭与社会的关系。特别是家庭功能的外化导致了家庭社会需求增长及结构的变化。当社会对这种需求变化的反应滞后，特别是政府的社会政策应对迟缓时，家庭就会面临一系列的问题，甚至陷入困境。解决家庭功能需求与供给关系失衡问题，需要从家庭发展和社会支持两个方面着手。前者的重点是加强家庭发展能力的建设，提高家庭关系的和谐与凝聚力，改善家庭的结构，以及做出合理的生活安排；后者的重点是为家庭发展创造一个家庭友好型的社会环境。

具有完整结构的家庭作为家庭成员生存、发展的微观环境更具实质意义。由于中国大多数结构不完整的家庭是因二元社会背景下人口流动造成的家庭生活分离，因此，解决这类家庭功能需求与功能关系失衡问题的关键是为流动人口的家庭团聚创造必要的社会环境和政策支持。夫妻携子女同住更有利于家庭亲密度和适应性水平的发展，在有独立生活空间的条件下，家庭亲密度和适应性水平结合得更平衡。流动人口家庭团聚生活需求已经得到了中国政府的高度重视和积极回应，2013 年 12 月召开的中央城镇化工作会议提出，要以人为本，推进以人为核心的城镇化，提高城镇人口素质和居民生活质量，把促进有能力在城镇稳定就业和生活的常住人口有序实现市民化作为首要任务。留守家庭可以通过迁移实现家庭团聚，使家庭结构完整且功能得以恢复，但是单亲家庭功能的残缺则难以修复。社会应该对这类家庭给予更多的帮助，包括就业支持、经济援助、权益维护、心理辅导以及消除歧视等。

另一类家庭功能需求与供给关系失衡是因为家庭功能弱化和需求变化导致的。这类家庭在功能供求关系失衡情况下，如果社会替代、接续和补充机制不完备，一些功能残缺或执行力不足的家庭就会出现问题甚至陷入困境。因此，家庭政策的任务是为家庭功能的正常发挥提供必要的支持。为了均衡家庭功能与家庭需求之间的关系，以及提高家庭整体和家庭成员个体的生活质量，中国目前已经发展了三种社会机制。第一种是社会替代机制，即由社会专门机构和市场替代家庭成为功能执行主体，来满足家庭整体及家庭成员个体的需求，这个机制主要解决家庭功能之不能的问题。第二种是社会续接机制，有些家庭需求（如儿童教育和社会化）是在家庭内部和家庭外部分步实现的，第一步在家庭内部通过家庭自身的功能实现；第二步的执行主体转由社会专业机构或市场承担，在家庭外部实现。这个机制主要解决家庭功能之不及的问题。第三种是社会补充机制，即家庭需求主要在家庭内部凭借自身的功能实现，但由社会或市场服务补充家庭功能的不足，例如，家庭养老。这个机制主要解决家庭功能不足的问题。

通过家庭发展政策为家庭提供必要的支持，已经成为中国社会发展的一项重要任务。家庭政策应该为家庭提供一个基本的安全保障网，通过构建和加强家庭的发展能力，支持家庭发挥对于个体和社会的基本功能，尤其是在反贫困、家庭团聚、工作－家庭平衡、代际关系等方面给予有力的支持。

第六章

计划生育家庭

计划生育家庭已经成为中国家庭的主体。计划生育从多个方面促进了家庭发展，但计划生育家庭养老问题变得越来越突出。中国政府已经初步建立起计划生育家庭福利政策体系，在促进计划生育家庭发展、扶助计划生育特殊困难家庭和计划生育家庭养老保障等方面发挥了重要的作用。

自20世纪70年代全国普遍实行计划生育以来，计划生育家庭的数量迅速增加，目前已经成为中国家庭的主体类型。据专家测算，目前中国的计划生育家庭数量为3亿户左右，占全国家庭户总数的70%左右。随着计划生育政策的继续实施，计划生育家庭数量将会进一步增加。

一、计划生育对家庭发展的促进作用

计划生育的本义是家庭计划，即家庭的生育计划，中国的计划生育政策是基于国情而由政府推行的家庭生育计划。计划生育有利于控制人口数量，提高人口素质，促进人口与经济社会的协调和可持续发展，对家庭发展也有促进作用，表现在以下几个方面。

（一）计划生育有利于减轻家庭抚养子女的负担

从20世纪70年代全国开始实行计划生育以来，妇女总和生育率由5.8下降至目前的1.6左右。实行计划生育使得女性的初婚年龄推迟，育龄推迟，生育终结期提前，生育数量减少，生育周期大大缩短，这种变化对女性生命历程的转变有着直接的影响，减轻了女性的生育负担，使得她们拥有更多的时间和精力学习知识技能并参加社会劳动，改善自己的社会经济地位。同时，子女数量的减少也缩短了父母一生中用于抚育子女的时间，减轻了家庭抚养子女的负担。

（二）计划生育有利于改善妇女儿童的发展状况

中国将推行计划生育与提高妇女地位、优生优育、提高妇女儿童健康水平结合起来，大力开展计划生育和生殖健康优质服务，普及青少年性与生殖健康知识，依法保障女婴和女孩的生存发展权利，促进社会性别平等，为改善妇女的生殖健康状况和儿童健康成长创造了有利的条件，孕产妇死亡率和婴幼儿死亡率大幅下降，分别由 1991 年的 80.0/10 万和 50.2‰ 下降到 2012 年的 24.5/10 万和 10.3‰。

（三）计划生育有利于促进子女的健康成长

实行计划生育，使得父母有更多的精力和资源用于对子女的抚养教育上，有利于子女的健康成长。过去舆论普遍认为独生子女是“问题儿童”、“小皇帝”。事实上，虽然在年龄较小的儿童中独生子女与非独生子女之间的差异比较明显，但随着年龄的增大，独生子女在人格、个性特征、社会化等方面与同年龄非独生子女之间的差异会逐渐消失。

二、计划生育家庭福利政策

计划生育家庭福利政策是指国家为提高计划生育家庭发展能力和生活质量的制度安排，包括对各类计划生育家庭的奖励、优惠、保障和扶助等政策。

（一）计划生育家庭福利政策体系初步建立

“十一五”时期以来，中国已初步形成了以农村部分计划生育家庭奖励扶助制度、西部地区“少生快富”工程和计划生育家庭特别扶助制度等国家“三项制度”为主体，以独生子女父母奖励、城镇独生子女父母年老奖励和长效节育奖励等地方政策为支撑，以优先优惠政策为补充的计划生育家庭福利政策体系。奖励扶助制度是针对农村只生育一个子女或两个女孩的计划生育家庭，夫妇年满 60 周岁后发放奖励扶助金。“少生快富”工程是针对特定农牧区可生三个孩子而自愿少生一个或两个孩子、并已落实安全适宜长效节育措施的夫妇，给予一次性奖励。特别扶助制度是针对独生子女死亡或伤残后未再生育或合法收养子女的夫妻，自女方年满 49 周岁起发放特别扶助金。2013 年，国家卫生计生委、民政部、财政部、人力资源和社会保障部、住房和城乡建设部五部委印发《关于进一步做好计划生育特殊困难家庭扶助工作的通知》，从 2014 年起提高特别扶助金标准，从加大经济扶助力度、做好养老保障工作、提高医疗保障水平和开展社会关怀活动等方面做出了全面的制度安排。

专栏 6－1 计划生育家庭扶助制度

为了帮助计划生育家庭解决实际困难，国家出台了两项对计划生育家庭的扶助制度。

一、农村部分计划生育家庭奖励扶助制度

2006 年，国家全面实施农村部分计划生育家庭奖励扶助制度，由中央和地方财政安排专项资金，对农村只有一个子女和两个女孩的计划生育家庭中满60周岁的夫妻进行奖励扶助。2009年，奖励扶助标准从每人每年不低于600元提高到不低于720元，2012年提高到每人每年不低于960元。2009年，将西藏自治区、青海农牧区以及甘肃、云南、四川的藏区农牧民享受农村奖励扶助待遇的年龄提前到55周岁。2011年，又将符合条件的“半边户”（即一方为城镇居民、一方为农村居民的夫妇）中的农村居民纳入了奖励扶助制度范围。

二、计划生育家庭特别扶助制度

为解决独生子女伤残死亡家庭的特殊困难，2008年，国家全面实施计划生育家庭特别扶助制度，独生子女伤残或死亡后未再生育或合法收养子女的夫妻，自女方年满49周岁后，夫妻双方分别领取每人每月不低于80元（伤残）或100元（死亡）的特别扶助金。2012年，特别扶助金标准分别提高到每人每月不低于110元（伤残）、135元（死亡）。

2013年12月，国家卫生计生委、民政部、财政部、人力资源和社会保障部、住房和城乡建设部五部委发出《关于进一步做好计划生育特殊困难家庭扶助工作的通知》，从加大经济扶助力度、做好养老保障工作、提高医疗保障水平、开展社会关怀活动等方面，对扶助关怀计划生育特殊困难家庭做出了全面的制度安排。

一是加大经济扶助力度。自2014年起，将独生子女伤残、死亡家庭的特别扶助金标准分别提高到：城镇每人每月270元、340元，农村每人每月150元、170元，并建立动态增长机制。中央财政按照不同比例对东、中、西部地区予以补助。

二是做好养老保障工作。各地对符合条件的计划生育特殊困难家庭成员参加新型农村社会养老保险、城镇居民社会养老保险的，按照规定给予参保缴费补贴，对60周岁及以上的优先安排入住政府投资兴办的养老机构；有条件的可对生活长期不能自理、经济困难的老年人发放护理补贴。

三是提高医疗保障水平。将符合条件的低收入计划生育特殊困难家庭成员纳入城乡医疗救助范围；对有再生育意愿的独生子女伤残死亡家庭，将其接受计划生育手术及再生育服务的医疗费用按照规定纳入支付范围；鼓励和支持各级医疗机构开通“绿色通道”。

四是开展社会关怀活动。充分发挥各类社会组织的作用，以精神慰藉和心理疏导为重点，深入开展各种形式的社会关怀活动；对生活贫困、住房困难的计划生育特殊困难家庭申请廉租房等保障性住房的，优先给予安排；建立计划生育特殊困难家庭联系人制度等。

五是切实加强组织领导。要求各地按照《中华人民共和国人口与计划生育法》的要求，结合实际制定具体政策措施，明确各有关部门职责，按照规定落实好计划生育特殊困难家庭扶助所需资金，有条件的地区可探索建立计划生育公益金或生育关怀基金，保证投入、工作、监督落实到位。

（二）计划生育家庭优先优惠政策不断完善

国家推动各种民生普惠政策对计划生育家庭的优先优惠，切实提高计划生育家庭的发展能力。2006年，《中共中央 国务院关于全面加强人口和计划生育工作统筹解决人口问题的决定》提出，对符合社会救助条件的计划生育家庭，通过城乡最低生活保障、医疗救助以及农村五保户供养、特困户生活救助等制度予以帮助；在就业培训、合作医疗、扶贫开发、宅基地划分、改水改厕、沼气应用、新技术推广等方面，各有关部门要制定和完善对计划生育家庭特别是农村独生子女和双女户家庭的优先优惠政策。2007 年，国家人口计生委等 14 部门印发《关于全面加强农村人口和计划生育工作的若干意见》，要求做好惠民政策与计划生育奖励优待政策的衔接。要按照《土地管理法》的有关规定，以征地面积为主要依据计算和分配土地补偿费和补助费，并对独生子女户、双女户予以照顾；移民搬迁、危房改造等补助政策，要以家庭作为基本的补助单位，并适当提高对计划生育纯女户危旧房改造补助标准；符合农村五保供养条件的独生子女死亡家庭，应落实农村五保供养待遇，并按规定享受计划生育扶助。2009 年，国家人口计生委、人力资源和社会保障部、财政部《关于做好新型农村社会养老保险制度与人口和计划生育政策衔接的通知》提出，有条件的试点地区要研究制定鼓励农村独生子女和双女父母参加新农保的具体政策措施，引导有条件的农村集体经济组织对独生子女和双女父母参加新农保给予适当补助。

（三）计划生育家庭福利政策体系的未来发展

党的十八届三中全会做出部署，坚持计划生育的基本国策，启动实施一方是独生子女的夫妇可生育两个孩子的政策，逐步调整完善生育政策，促进人口长期均衡发展，标志着计划生育工作进入新的发展时期。建立完善计划生育家庭福利政策体系，既要继续强化计划生育利益导向机制，又要着力促进计划生育家庭发展，按照“统筹城乡、分类指导、突出重点、公平合理”的原则，一方面，要完善奖励类和优惠类政策，引导群众自觉实行计划生育；另一方面，要完善养老保障类和困难扶助类政策，健全计划生育家庭的养老等基本功能。要进一步完善农村计划生育家庭奖励扶助、西部地区“少生快富”工程和计划生育家庭特别扶助制度等“三项制度”。要以农村独生子女家庭、双女家庭和城乡计划生育特殊困难家庭为重点对象，以健全家庭养老功能为重点内容，完善计划生育家庭福利政策体系，提高计划生育家庭发展能力。

第七章

城镇化进程中的家庭

城镇化改变了许多家庭的居住模式和生活方式，也改变了家庭的城乡分布格局。以人口流动形式呈现的人口乡–城迁移使得许多家庭生活安排分离，进而给家庭关系和家庭功能实现带来不利影响。近年来，人口流动呈现家庭化趋势，这个新变化在一定程度上解决了流动人口家庭生活安排分离的问题，同时也使得流动人口家庭需求的落实变得更为迫切。因此，推进新型城镇化政策尤为需要家庭发展的视角。

城镇化是中国当代最重要的社会现象，既是中国家庭变迁的重要背景，也深受家庭变迁的影响。进入21世纪以来，城镇化的快速发展对家庭城乡分布格局产生重大影响，人口流动对家庭形态和生活安排也产生了重要影响。

一、家庭户的城乡分布格局

城镇化的快速发展已经改变了中国家庭户的城乡分布格局。根据图7-1，2000年家庭户还是以农村家庭为主体，农村家庭户占全国家庭户的比重高达61.4%。2010年，这个分布格局出现了根本性的转变：城镇家庭户数量首次超过了乡村，占全国家庭户的比重从2000年的38.5%提高到51.5%。

城镇区域的迅速扩张和人口大规模的乡-城流动是推动城镇家庭户数量快速增长和农村家庭户数量减少的主要原因。进入21世纪以来，土地城镇化发展迅速，城市和镇的地域面积大规模扩张，使大量的农村家庭户转变为城镇家庭户，人口流动的家庭化趋势则加速了城镇常住人口家庭户数量的增长。

二、人口流动对家庭的影响

人口的乡-城迁移是促进人口城镇化的最主要途径。在户籍制度的刚性约束下，中国的乡-城迁移更多地表现为人口流动，而不是真正意义上的迁移，给家庭带来了多方面的

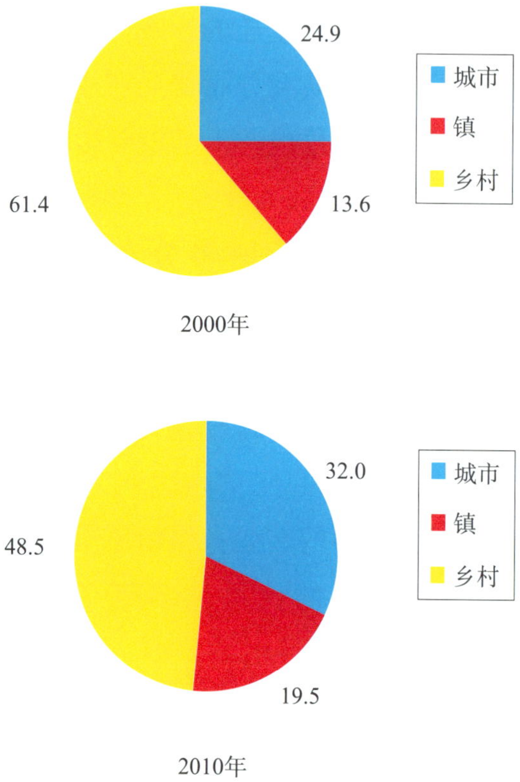

图 7－1　2000 年和 2010 年家庭户的城乡分布（%）

资料来源：第五次、第六次全国人口普查

实质性影响。由于家庭成员的生活分离，家庭关系和家庭成员之间的互动模式都发生了改变。同属一个家庭的一部分家庭成员在流入地形成了流动家庭，而另外一部分家庭成员在流出地形成了留守家庭，具有同一家庭关系中的成员分成了两个或几个既相互联系又保持相对独立的户。一方面，在农村形成了大量结构和功能都不完整的留守家庭，留守老人或子女相关的费用支出由农民工在城市的经济收入来维持；另一方面，在城市形成了难以平等享有城市公共资源和服务的流动家庭，这些家庭结构的相对完整性则需要靠家庭成员的共同流动来维持。总之，人口流动改变了个人的生活方式及其与其他家庭成员的关系，导致了家庭城乡分布格局的改变，增加了城市的家庭数量，促进了城乡居民家庭规模的小型化和微型化，也增强了城市公共资源和服务的竞争性。

（一）举家流动

进入21世纪以来，人口流动出现了举家流动趋势。在早期的人口流动中，举家流动的比例不高，家庭化迁移特征不突出。但自20世纪90年代中期开始，人口流动进入迁移的第二个阶段，即举家流动阶段，21世纪后这一特征更为明显。越来越多的人口流动从个人流动转向家庭流动，表现为携妻带子、携老扶幼的举家搬迁，在流入地长期居留的现象已经非常普遍。

根据中国农村劳动力流动百村跟踪调查数据，1994年，在农村外出劳动力中，夫妻同行的不到9.0%。2010年流动人口动态监测数据显示，携家属（配偶、子女、父母）一同流动的占66.4%。2012年流动人口动态监测数据显示，在已婚流动人口中，夫妻一同流动的占89.8%，流动人口的0~14岁子女中有66.0%是与父母双方或一方流动。在家庭流动的不同类型中，夫妻携子女的家庭比重最大，达到43.9%；其次是夫妻二人家庭，占19.4%。随父母流动的儿童已多于留守儿童，流动人口的子女中，58.2%为流动儿童，41.8%为留守儿童。根据第六次全国人口普查，流动人口与家庭成员共同流动的趋势日益突出，两代户、三代户的家庭分别占所有流动人口家庭户的38.5%、5.0%。

举家流动的趋势在新生代农民工（1980年以后出生的流动人口）群体中更为普遍。国家人口计生委2011～2012年针对新生代农民工的专项调查结果显示，达到法定婚龄的新生代农民工中的已婚者占66.4%，已婚者中已经生育子女的占85.9%。已婚新生代近90%是夫妻双方一起流动，与配偶、子女举家流动的约占61%，在现居住地户均规模达到2.5人。

（二）留守家庭大量出现

目前，全国共有7 000万户留守家庭，涉及2.4亿人口，占全国总人口的近20%。其中，农村留守家庭占全部留守家庭的77%，老人、妇女和儿童构成了留守家庭的主要成员，这些留守家庭在结构上和功能上均不完整（见表7－1）。

表7－1　不同类型的留守人群与留守家庭

<table>
<tr><th></th><th>留守儿童</th><th>留守老人</th><th>留守妇女</th></tr>
<tr><td>留守妇女</td><td>单亲型留守家庭</td><td>两代型留守家庭</td><td>妯娌型留守家庭</td></tr>
<tr><td>留守老人</td><td>隔代型留守家庭</td><td>空巢型留守家庭</td><td rowspan="2">三代型留守家庭</td></tr>
<tr><td>留守儿童</td><td>孤儿型留守家庭</td><td></td></tr>
</table>

资料来源：唐钧，2008

《中国老龄事业发展报告（2013）》指出，2012年农村留守老人约5 000万人，约占农村老年人总数的50%；全国妇联数据显示，留守妇女的人数也超过了5 000万，约占20～59岁农村妇女总数的14%；而农村留守儿童的规模更大，根据第六次全国人口普查数据推算，农村 0～17 岁的留守儿童已达 6 103 万人。与 2005 年全国 1% 抽样调查估算数据相比，5 年间全国农村留守儿童增加了约 242 万人。

专栏 7－1 人口流动对家庭结构的影响

人口流动对家庭结构产生两方面的影响：一方面，对于流出地而言，人口的流出破坏了原有的相对较为稳定的核心家庭和三代直系家庭，产生了更多的老年空巢家庭和隔代直系家庭；另一方面，对于流入地而言，大量的外来流动人口增大了夫妇核心家庭和单人户的比重。人口的流动同时缩小了流入地和流出地的家庭户规模，所不同的是，对于流出地而言，家庭规模的缩小更多是由于同一大类家庭的规模的减小，如由标准核心家庭变为夫妇核心家庭，由三代直系家庭变为两代直系家庭或隔代直系家庭；而对于流入地而言，还存在大量外来人口形成的夫妇核心家庭或单人户，如人口流入大省的单人户和核心家庭比例均显著高于全国平均水平，这其中外来人口无疑起到了十分重要的作用。

（三）流动家庭面临的主要问题

虽然流动家庭保持了家庭环境的相对完整性，但由于制度供给较为滞后，流动家庭目前还无法完全享有与当地居民同等的教育、医疗和社会福利，受到一定的社会排斥和制度排斥，社会融入程度不高，家庭的生活质量也不高。

第一，流动家庭的居住条件差。流动人口家庭的居住条件明显劣于当地户籍居民家庭，绝大多数流动人口家庭是租住在城市的边缘区域，近五成的流动人口居住在城乡结合部，近三成的流动人口居住在城郊农村。根据国家人口计生委2011年流动人口动态监测调查数据，65.3%的流动人口家庭租住私房，租住单位/雇主房占6%，政府提供的廉租房仅占0.3%。居住设施虽有改善，但仍有诸多问题，64.4%的流动人口住房内没有独立洗澡设施，50.7%没有独立厨房，45.4%没有独立卫生间，29.0%没有独立管道自来水。流动人口长期未被纳入流入地住房保障体系，拥有住房公积金的比例仅为5.8%。

第二，难以获得平等的市民待遇，社会融入困难。受户籍制度限制，流动人口家庭在城市中难以获得平等的市民待遇，在就读城市学校、就医和社会保障等方面面临各种困难和歧视。此外，流动人口家庭在流入城市中的社会融入程度比较低（见表7-2），就社会融入的不同方面而言，流动人口的身份认同程度较高，经济融合状况和公共服务处于中间水平，社会参与水平不高。而且在城-城流动人口和乡-城流动人口中，社会保障的差别最为突出，这也说明了作为流动人口的主体，农民工还未被完全纳入社会保障体系中，进而影响了流动家庭的社会融入水平。

表7-2 2011年流动人口社会融合指数得分

	总指数	公共服务	社会保障	经济地位	社会参与	身份认同
城-城流动人口	45.21	40.83	45.32	50.51	19.99	79.67
乡-城流动人口	34.62	36.87	24.37	42.59	13.62	76.68

资料来源：国家人口计生委流动人口司，2012

第三，流动儿童问题突出。各年龄段城乡流动儿童的规模都在快速增加，大龄流动儿童增加的速度最快，学龄前流动儿童增加速度也比较快，而义务教育阶段学龄儿童增幅相对较小。流动给流动儿童的教育带来不利影响，流动儿童的受教育状况不及全国儿童的平均水平，与城市本地居民家庭的儿童相比有很大的差距。大部分义务教育阶段的适龄流动儿童有机会在校学习，但存在着几个问题：一是低年龄的流动儿童中有入学晚的现象；二是高年龄的流动儿童群体中，存在完成义务教育前终止学业的情况；三是学前流动儿童有入园难的问题；四是大龄流动儿童面临异地高考困难的问题。

（四）留守家庭面临的主要问题

当青壮年男性劳动力离开农村时，留下的是一个由儿童、妇女、老人组成的家庭，处于弱势和高风险的状态，留守儿童的养育照顾、老人的赡养、留守妻子与丈夫之间的夫妻关系、留守家庭成员的安全、家庭生产活动等都会受到影响。

第一，留守妇女面临巨大的生活压力和精神压力。农村大量留守妇女独自承担着生产劳动、抚养子女和照料老人的重担。《中国农村留守妇女调查报告》显示，无论是农业生产还是家务劳动，留守妇女承担的比例都在85%以上。夫妻双方长期两地分居，容易造成留守妇女生理和心理健康问题。夫妻双方的城镇化水平不同步，再社会化程度也不尽相同，导致夫妻双方文化、观念、生活方式以及社会交往方式等方面的差异，最终夫妻单方的流动经历影响了双方对婚姻的主观感受，致使婚姻出现不稳定的趋势。

第二，留守儿童面临安全和发展困境。《我国农村留守儿童、城乡流动儿童状况研究报告》指出，46.7%的农村留守儿童的父母双双外出，在这些孩子中，与祖父母一起居住的比例最高，占32.7%，还有10.7%的留守儿童与其他人一起居住。值得注意的是，单独居住的留守儿童占所有留守儿童的3.4%，虽然比例不大，但人数多达206万。留守儿童主要面临以下几个问题：一是家庭结构不完整，隔代教育和抚养存在诸多的问题。例如，年迈的老人精力有限，难以保证儿童日常活动的安全，同时也很难在学习上给予帮助。二是留守儿童与外出务工的父母联系较少，缺乏面对面的亲子互动交流，不利于留守儿童的健康成长。三是留守儿童由于缺少父母的照看和关爱，在行为和表现上可能出现一些失控的状况，也有可能出现辍学或犯罪等不良后果。四是留守儿童的安全风险加剧，因缺乏父母的保护，他们更容易受到伤害。

第三，留守老人的养老问题。农村的留守老年人主要有三种类型：老年夫妇家庭、老人单身家庭、老人与未成年子女组成的隔代家庭。这三类老年人留守家庭的养老功能都被大大削弱，留守老人的生活照料需求难以得到有效满足，在精神上因缺少与子女的交流而陷入寂寞和孤独，而抚养未成年的孙子女也加重了他们的负担。留守老人的经济来源主要来自外出打工子女提供的经济供养，其生活困境主要体现为日常照料和公共卫生与医疗服务严重不足，生产和家务劳动的负担比较重。

三、新型城镇化政策的家庭视角

2013年，中央城镇化工作会议提出的推进城镇化政策对家庭给予高度关注，把推进流动人口市民化，解决他们在城市的落户问题作为政策重点。这项改革旨在进一步推进基本公共服务均等化，落实到城镇就业的农业人口的落户问题，并确保他们平等地享有福利待遇和公共服务。这项改革措施将会把相当一部分流动人口转变为迁移人口，为流动人口在城镇的家庭团聚创造了条件。

由于在大城市落户还有一定条件的限制，尤其是特大城市的人口规模还要继续严格控制，而这些城市又是人口流入的热点地区，因此人口流动现象在未来一个时期内还会继续存在，解决这些城市流动人口的家庭团聚问题仍是城镇化政策必须高度关注的问题。为了应对城镇化背景下大量流动人口所遇到的问题，增强流动家庭、留守家庭应对风险的能力，需要提升家庭福利水平，提高家庭发展能力，完善以改善家庭福利和提升家庭发展能力为导向的流动人口政策。

第一，打破制度壁垒，实现社会保障和公共服务的均等化。加强社会性资源对留守家庭与流动家庭的环境缺失的替代和支持，进一步加强部门之间的协调和相互支持，扩大留守家庭与流动家庭的政策支持范围。

第二，加强留守家庭和流动家庭的能力建设，提高家庭保护、支持家庭成员的能力。增进留守家庭内部的亲子互动，加强对留守儿童的家庭教育（如隔代教育），增强对留守老人和儿童的权利和安全的保障。努力消除对流动家庭的排斥和歧视，推动流动家庭的社会融入。

第三，建设一支为流动家庭与留守家庭提供社会服务的专业化队伍。在针对流动儿童与留守儿童的社会服务供给过程中，引入社会工作专业，以社会工作者为服务主体，志愿者为支持力量，在社区、学校和家庭层面为流动和留守家庭成员提供专业的服务。

第八章

老龄化背景下的老年人家庭

快速的人口老龄化正在给家庭带来前所未有的压力，目前中国有65岁及以上老年人的家庭已经超过8 800万。家庭养老具有不可替代的优势，是老年人养老生活的首选，但家庭普遍面临着养老资源短缺和养老功能弱化的挑战。为有效应对这一挑战，政府和社会正在对有老年人的家庭提供更为积极、直接和有力的支持。

家庭养老是中国老年人普遍的养老模式，并且在相当长的时期内不会改变，家庭变迁却削弱了家庭养老功能。在老龄化和家庭变迁的双重影响下，家庭养老需要政府和来自社会更多的支持更直接的帮助。

一、老龄化对家庭的影响

自进入21世纪以来，中国的老年人数量持续增长，老龄化快速发展。2013年《国民经济和社会发展统计公报》数据显示，2013年60岁及以上的老年人口达到2.02亿人，占总人口的比例达到14.9%；65岁及以上老年人口为1.32亿人，占总人口的比例达到9.7%。据联合国2012年的预测，中国65岁及以上老年人将在2020年增加到1.69亿，2030年增加到2.35亿，2050年增加到3.31亿，占总人口的比重将分别提高到11.7%、16.2%和23.9%；其中，80岁以上高龄老人将从2000年的1 348万人增加到2020年的2 621万人和2050年的9 000万人以上。

在人口老龄化加速的背景下，中国有老年人的家庭出现了大幅度增长，第五次、第六次全国人口普查数据显示，2000～2010年，有65岁及以上老年人的家庭增加了28.7%。老龄化改变了老年人的家庭生活安排、居住模式和养老方式，同时也对家庭的养老能力提出了巨大的挑战，主要表现在以下三个方面：一是随着家庭规模的减小，来自家庭内部照顾老年人的人力资源严重匮乏，家庭养老困境明显；二是老人对子女精神慰藉的需求难以得到及时的满足；

三是一些特殊的老年人家庭，如老年人独居家庭、留守家庭等的养老问题更为突出。

在老龄化水平不断提高的情况下，中国家庭代际关系中的养老问题变得越来越突出。第六次全国人口普查数据显示，在有60岁及以上老年人的家庭中，老年人与成年亲属一起居住的家庭比例为63.8%（见图8－1）。“反哺”模式在家庭养老中具有非常重要的作用，40.7%的老年人主要依靠家庭成员供养，尤其在农村，有近一半的老人的主要生活来源是由家庭成员提供的（见图8－2）。此外，在丧偶的老年人中，有61.3%的老年人依靠家庭成员赡养；在丧偶的女性老人中，该比例达66.1%。农村的这两个比例更高，分别达75%和80%。

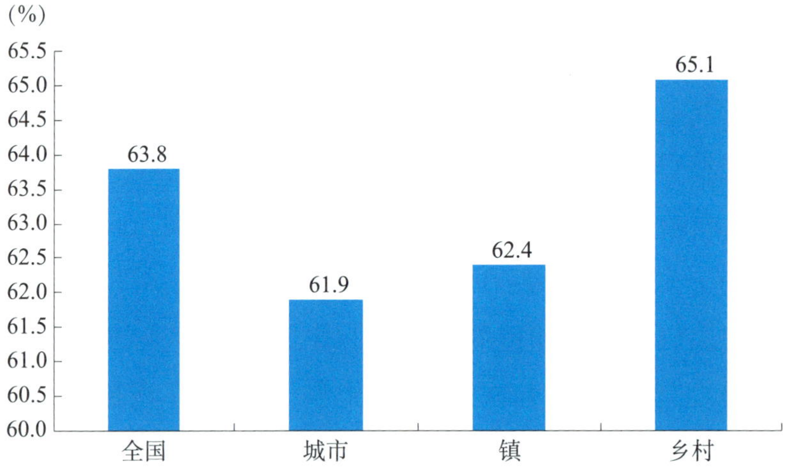

图8－1　2010年与成年亲属共同生活的老人占有老人家庭的比例[①]

资料来源：第六次全国人口普查

① 老年人是指60岁及以上的人。由于汇总表对有三个及以上老人的家庭没有分细类，所以本图中的比例是指一个老人与亲属共同生活的家庭和两个老人与亲属共同生活的家庭，但不包括隔代家庭，占全部有老人的家庭的比例。

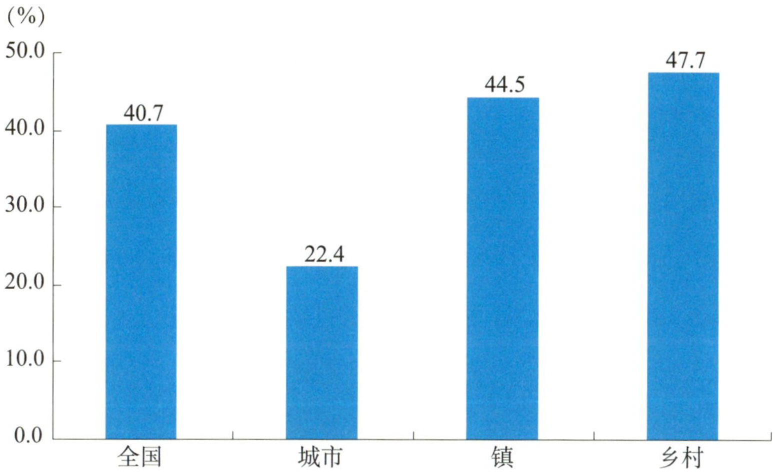

图 8-2 2010 年老年人主要依靠家庭成员供养的比例

资料来源：第六次全国人口普查

此外，家庭内的代际支持严重削弱。日益严重的人口老龄化削弱了家庭内代际之间的相互支持，将使传统代际支持模式发生变化。首先，老龄化日益严重意味着退出劳动力市场的老年人口规模将不断增加，这直接导致父母辈经济收入锐减，家庭收入下降，由此导致父母对子女的经济支持下降。其次，家庭规模的小型化和核心家庭为主的家庭结构极大弱化了传统家庭对老年人的照料支持。另外，子女对老人的照料支持也在持续弱化。“四二一”、“四二二”家庭结构中，需要照料的老人增多，能够照料老人的子女减少，担负抚幼和养老双重责任的中年人不堪重负。

家庭养老需求已经成为中国当下及未来增长最为迅速的社会需求之一，政府和社会不仅要重视养老问题，也应重新审视老龄化对家庭的冲击，从家庭的视角规划养老政策和服务体系。

二、家庭中的老年人

随着老年人口的快速增长，有老年人的家庭不断增加。针对老年人的居住安排方式，家庭养老的具体方式及面临的主要问题凸显。通过对老年人的居住方式具体分析，可以掌握老年人的养老需求，更好地支持家庭养老，实现全社会的积极老龄化。

（一）超过1/5的家庭至少有一位65岁及以上老年人

2010年，全国有65岁及以上老年人的家庭户共计8 804万户，比2000年增加了28.7%，约占全国家庭的22%，即超过1/5的家庭中至少有1位65岁及以上的老年人（见表8－1）。

表8－1　有65岁及以上老年人的家庭户数

单位：万户

	全国		城市		镇		乡村	
	2000年	2010年	2000年	2010年	2000年	2010年	2000年	2010年
65岁及以上的老年人家庭户数	6 839	8 804	1 472	2 215	762	1 536	4 606	5 053
有一个65岁及以上的老年人户	4 963	5 947	1 025	1 397	552	1 041	3 386	3 508
有两个65岁及以上的老年人户	1 853	2 823	442	810	207	448	1 205	1 525

资料来源：第五次、第六次全国人口普查

（二）近半数65岁以上的老年人与子女共同居住

2010年，65岁及以上老年人与子女同住的比例为47.75%（见表8－2），虽然比2000年有所降低，但老年人与子女同住的居住模式仍然十分普遍，这意味着家庭内部的代际支持仍然是老年保障和照料的主要构成部分。

表8－2 2010年老年人居住安排

单位：%

老年人居住安排	60岁及以上	65岁及以上
老年人或老年夫妇独立居住	29.68	41.74
老年父母与子女共同居住	40.81	47.75
老年人与其他家庭成员居住	29.51	10.51

资料来源：彭希哲等，2013

（三）四成65岁及以上老人或老年夫妇独立生活

老年夫妇和单身老人独立居住生活已经成为一种普遍的居住安排。根据第五次、第六次全国人口普查数据分析，2010年65岁及以上的老年夫妇和单身老人独立居住的比例达到41.74%；城市老年夫妇和单身老人独立生活的比例为47.0%，农村的这一比例也达到了39.1%。

（四）超过1/3的高龄老人独自生活

2010年，80岁及以上的高龄老年夫妇和单身高龄老人独自生活的比例为34.3%，比2000年提高了12%。分城乡来看，城市独自生活的高龄老年夫妇和单身高龄老人的比例为40.5%，农村为31.4%。但是，在丧偶的高龄老人中，有七成以上与子女共同生活（见表8－3）。

表8－3　2010年全国高龄丧偶老人居住模式

单位：%

居住模式	全国	城	镇	乡
独居	27.32	32.60	25.01	29.10
与子女共同居住	72.07	66.16	74.63	70.15
与其他人共同居住	0.61	1.24	0.36	0.74

资料来源：彭希哲等，2013

（五）多名老人共同居住的现象增多

根据第五次、第六次全国人口普查，2010年有3个及以上老年人的家庭户虽然仅占有老年人口家庭户的0.4%，但与2000年相比，其户数增长了10.4万户。虽然多个老年人共同居住的户数的绝对规模并不大，但是呈上升趋势。这给传统的家庭养老格局带来更多挑战，也对社会养老保障体系提出了更高的要求。

（六）生活不能自理的老年人单人户的比例超过10%

第六次全国人口普查数据显示，在城乡分别有11%和12%的生活不能自理的老人是单人家庭。这些家庭无法通过与子女居住来解决生活照料问题，迫切需要政府和社会给予支持和帮助。

进入21世纪以来，有老年人的家庭已经发生了诸多变化：数量增加迅速、老年人单独居住比例上升、需要照顾的老年人越来越多。尽管与子女共同居住仍是老年居住安排的主要模式，但有老年人的家庭仍然面临着明显的养老困境。主要体现为在老年人养老资源的供需之间出现了比较明显的差距：一是养老需求随着独居老人、高龄老人和生活不能自理老人的数量增多而不断增加；二是来自家庭内部养老资源（资金、人力资源等）的供给出现了严重短缺；三是独居老年人、生活不能自理的老年人单人户、高龄老年人单独生活的比例较高，而且有进一步增加的趋势。特别是高龄独居和失能老人的照料需求压力持续增大。据中国老龄科学研究中心课题组预测，到 2015 年，全国失能、半失能老人总量将达 4 000 万，比 2010 年增加 700 万人，占全部老年人口的 19.5%。2020 年我国老年照料需求总量为 4 560 万人，2045 年将突破 1 亿人。另外，高龄独居老人的陪伴需求、照料需求也将十分突出，尽管未来中国养老服务资源呈现逐渐增加的发展态势，但中国未来养老服务资源供给依然面临巨大缺口。

三、社会对家庭养老的支持

在老龄社会中，家庭仍然是老年人生活的主要环境，因此，家庭养老依然是老年人生活安排的主要形式。以社区养老、机构养老为主体的社会养老服务应该以满足老年人和赡养老年人家庭的需求为中心，社会养老是对家庭养老的补充和支持，应该成为针对老年人的社会政策和服务体系的基本原则。在中国的老年人社会政策体系中，缺乏对有老年人的家庭的支持，更加缺乏直接为老年人和赡养老年人的家庭成员提供支持的政策。例如，在个人所得税上没有对这类家庭实施宽免或退税政策，没有针对老年人照顾者的时间支持政策等制度安排。

面对养老问题的挑战，中国政府确立了以“居家为基础、社区为依托、机构为支撑”的原则，多元化的养老模式已成为养老发展方向。老年群体的养老途径主要包括自养、家庭支持、市场购买、社区服务、政府提供以及非政府组织支持等。表 8 - 4 显示了老年人养老资源的供给单位、供给模式、获取渠道和获取基础。一方面，老年人的养老需求迅速增长；另一方面，家庭养老资源的供给紧张，老年人的需求无法得到满足。

表 8 - 4　老年人的养老资源及其获取方式

供给单位	供给模式	获取渠道	获取基础
老年人本人	自养	自我照料或购买	自理能力、支付能力
家庭或亲朋	直接照料	无偿照顾	亲情
企业	商品或服务	市场	支付能力
社区	服务	救济或低价购买	社会服务或支付能力
政府	公共服务体系	福利	转移支付或公共服务
非政府组织	服务	社会捐助	慈善

资料来源：吴帆，2012

因此，就目前的社会条件而言，政府不仅需要大力发展机构养老等社会养老方式来补充家庭养老的不足，更要注重对家庭养老的直接支持，通过提高家庭发展能力的政策安排来加强家庭的养老功能。

具体而言，一方面，提高老年人家庭和老年人群体的支持力度，要特别关注贫困老年人、残疾老年人、独居老年人家庭等特殊困难老年人群体和老年人家庭，把满足他们的基本需求作为养老社会政策的重点和优先领域，提高对其保障和支持的力度。另一方面，积极鼓励社会资源进入家庭养老与服务领域；在家庭政策体系中，应该制定专门政策，合理运用行政手段、市场手段和社会手段，积极鼓励各种社会资源进入家庭养老与服务领域，增进家庭功能的社会替代品和补充品的有效供给，推动全社会关注和推动家庭发展和家庭福利水平提高。积极建立以家庭养老为基础、以公共服务为支持、以社会服务和市场服务为补充的“三位一体”养老服务体系，大力发展老年产业，强化社区对老年人和赡养老年人家庭的服务功能，为老年人服务机构和老年人用品厂商提供贷款、税收等方面的优惠政策，鼓励社会和医疗服务等行业设立老年人专属服务机构或服务窗口，以适合老年人特点和需求的服务方式提供各种针对老年人的服务。

此外，在完善家庭养老支持政策方面，给家庭中的老年人照顾者提供支持，实施有利于家庭养老的税收和住房政策，鼓励家庭成员赡养老年人；积极探索子女照料卧床老年父母的支持政策，在假期和用工制度方面予以调整和照顾；完善户籍政策，适当放宽父母投靠子女的落户条件，为老年人随子女迁移提供便利；支持家庭的无障碍改造，改善失能老年人家庭的居住环境。

第九章

家庭发展

家庭是社会发展的微观基础，家庭发展是社会可持续发展的推动力量。在中国经济社会发展新的历史阶段，家庭发展涉及其满足家庭成员个体发展需要、家庭履行其相应功能、获取社会资源、实现社会职能的能力。家庭发展包括了家庭健康、家庭福利、儿童发展与教育、家庭贫困、性别平等方面的问题。

家庭是一个生命体，会经历形成、成长、成熟、老化和解体等阶段。在家庭的整个生命历程中，家庭担负着满足每一个家庭成员的生理、心理和社会需求的责任。在家庭生命历程的不同阶段，家庭会面临特定的任务，如生育、抚幼、养老等。能够承担这些责任并履行相应功能的家庭是成功的家庭，而这有赖于家庭发展。家庭发展是个人发展的重要基础，也是社会发展的重要领域。

一、家庭发展的意义

家庭发展是指家庭在特定的社会条件下满足每个家庭成员在生理、心理、发展和自我实现等方面的需求，进而促进家庭福利水平提高和家庭成员的全面发展。家庭发展的基础是家庭发展能力，包括家庭资源获得能力、家庭效用生产能力、对外部环境及其变化的适应能力、家庭关系和谐与凝聚力、对家庭成员的发展支持与保护能力等。这些能力直接决定着家庭发展状况，因此，家庭发展的政策涵义是赋予家庭权能，协助家庭履行职能，满足家庭发展需求。

家庭发展与社会发展紧密相连。社会发展对家庭发展的影响主要体现在四个方面：一是增加了家庭的物质资本、人力资本和知识资本存量，增强了家庭发展能力；二是带来了家庭及其成员需求的变化，随着社会发展，家庭需求领域不断扩大，需求内容也不断丰富；三是提高了社会需求标准，给家庭发展提出更高要求，例如，社会竞争压力加重了家庭在提高儿童社会化水平、人力资本投资水平和社会适应能力培养等方面的任务；四是为家庭发展提供支持，例如，教育、社会保障、公共服务等方面的发展使家庭的一些功能由社会专业机构所替代，提高了家庭发展效率和福利水平。

专栏9-1　家庭发展水平的衡量

家庭发展水平可以用家庭功能发挥的效率来衡量。近年来，一些西方学者从质量和效率角度分析家庭功能。例如，McMaster 模型把家庭功能的质量划分为六个维度：问题解决能力、沟通、家庭角色分工、情感反应能力、情感卷入程度和行为控制。Beavers 和 Hampson 采用家庭的关系结构、反应灵活性、家庭成员间交往质量、家庭亲密度和适应性等指标评定家庭功能。Olson 认为，家庭功能可以从家庭系统中成员间的情感联系、家庭规则、家庭沟通以及应对外部事件的有效性等方面考察。Shek 将家庭功能理解为家庭在其系统、相互关系、关怀、应对能力、家庭凝聚力以及困难应对中所体现出的生活质量。Skinner 和 Steinhauer 把家庭过程模式分为七个部分：任务完成、角色作用、沟通、情感表达、卷入、控制和价值观，把这七个维度有机结合共同评价一个家庭的功能效率。

家庭是具有自我调适能力和发展潜能的能动主体。因此，家庭发展对于每一个人和整个社会的意义都非常重要。家庭是社会可持续发展的微观基础，这是由家庭作为社会发展推动者的角色所决定的。

第一，家庭是生命的摇篮。繁衍是人类生存和发展的根本性前提，而生育和抚育子女是家庭最重要的功能。对社会而言，家庭的生育功能既具有生物学价值，也具有社会学价值。从生物学角度看，家庭可以明确界定每一个人的血缘谱系，可以避免近亲婚姻等风险，进而保证人类基因的安全和健康。从社会学角度看，男女两性关系通过婚姻转变为家庭中的夫妻关系和性别分工，进而为生育和养育孩子营造了一个稳定的家庭环境，双亲抚养是最有效的抚育方式。

第二，家庭是文化传承的第一场所。家庭是文化的起点，是维持人类种族和文化绵续的基本机制。人类文化长河是通过承前、发展（或变化）和后继而奔流不息的，但因人的生命有限，因此，代际继替就成为文化传承的基本机制，家庭就成为文化的启蒙之所和传承之地。

第三，家庭是一种社会化机制。作为社会再生产的基本单位，家庭不仅执行着人口再生产职能，同时也执行着社会成员再生产职能，其中包括儿童的社会化功能。家庭是每个人降生后初临的第一个世界，也是其社会化的初始场所。童年是社会化的关键时期，家庭中的亲子关系，家长的言传身教，对儿童的语言、情感、角色、经验、知识、技能与行为规范方面的习得均起潜移默化的作用。个人在家庭中获得的初始社会化将奠定其后续社会化的基础，与父母和其他家庭成员之间的互动关系则形成了其以后一切社会关系的模本。

第四，家庭是一种重要的福利资源。无论在传统社会，还是在现代社会，家庭都是重要的福利资源，为社会所有成员所依赖。家庭可以通过三种机制为家庭成员提供福利：一是家庭功能机制，通过家庭功能为家庭成员提供物质的和非物质的支持；二是家庭生产机制，通过家庭生产活动把购买的商品和服务转化为家庭成员的消费效用；三是社会再分配承接机制，家庭成员可以通过家庭获得国家和社会各种形式资源的再分配。

第五，家庭是社会发展的推动者。作为微观的社会组织形态和初级社会群体，家庭承担着一些重要的社会功能，扮演着经济、政治和福利单位的角色。从世界范围情况看，家庭仍是生育、消费、资产建设的基本单位，在世界许多地区仍然是生产的基本单位。

第六，家庭是社会的稳定器。家庭对个人身心健康和社会安定具有决定性意义。作为社会运行的微观基础，家庭执行着有助于社会整体的保存、整合与延续的功能，因此，幸福和睦的家庭是社会和谐发展、经济有效运行、国家政治稳定的重要前提条件。

二、家庭与健康

家庭为家庭成员提供的经济、照料、心理和情感支持，是家庭成员健康的重要保障。因此，家庭的居住环境、收入水平、婚姻状况、家庭关系、家庭功能等方面的因素都会影响家庭成员的心理和生理健康状况。据 2010 年以来进行的几项大型社会调查[①]结果显示，家庭发展水平对家庭成员健康有显著的影响。

① 这些调查包括全国妇联 2010 年进行的第三期中国妇女社会地位调查、民政部 2012 年进行的中国城乡困难家庭社会政策支持系统建设项目调查、北京大学中国社会科学调查中心 2011 年和 2012 年进行的中国家庭追踪调查。

（一）婚姻与健康

婚姻对健康具有明显的保护和促进作用。由于生活更有规律和夫妻彼此之间的相互照料，有配偶者的健康状况一般都好于无配偶者。2012 年中国家庭追踪调查发现，有配偶者的心理健康状况和自评健康状况都好于无配偶者，这种差异在 40～69 岁人群中最为明显：有配偶者自评健康不佳的比例低于无配偶者 10 个百分点。分性别来看，女性无配偶者的心理健康状况得分最低，而自评健康不佳的比例最高。这表明，相对而言，婚姻状况对女性健康的影响更为显著。第三期中国妇女社会地位调查数据也显示，已婚者比未婚者、离婚者或丧偶者的心理健康状况要好。

（二）家庭关系与健康

家庭成员之间的情感交流和彼此精神支持是家庭的重要功能，这个功能在促进健康方面也发挥着重要作用。根据第三期中国妇女社会地位调查数据，在家庭生活中，配偶能够提供情感支持、夫妻关系和谐的被调查者的心理状况明显好于其他人，而且对家庭地位的满意程度越高，心理越健康。而遭受过家庭暴力的已婚女性有心理健康问题的比例高达 53.1%，比其他已婚女性高出 18 个百分点。此外，女性的家庭地位会通过家庭营养和健康资源的分配影响女性的健康。例如，在身体有病没有就医的女性中，因为“家里不重视”的占 6.3%，因“家务脱不开”的占18.9%，大大高于男性，而农村女性中因为这两个原因没有就医的比例更高，分别为9.8%和19.4%。

（三）家庭社会经济地位与健康

受教育水平、收入水平和户籍性质可以在一定程度上反映家庭的社会地位。一般而言，具有良好社会地位的家庭可以为家庭成员提供更好的生活品质，有更多的资源进行健康投入，享受更好的医疗服务，并且具备更多的健康知识和较强的健康意识。例如，中国家庭追踪调查数据表明，不同社会群体间存在着明显的健康差异：高教育程度者优于低教育程度者，高收入群体优于低收入群体，非农户籍者优于农业户籍者。社会地位较低者的健康状况处于劣势，并且健康状况由好变差的速度较快，而从不健康恢复到健康状态的速度较慢。根据表9－1，在不同的收入组中，是否做过健康体检的比例差别很大，高收入组人口的健康保健明显优于低收入组；无论城镇还是农村，高收入组女性中有80%以上的人自评健康良好，而低收入组女性自评健康良好的比例仅有50%。根据图9－1和图9－2，城乡居民家庭收入越高，用于医疗保健支出的金额越多。城镇最高收入家庭用于医疗保健的人均现金支出是最低收入家庭的约3.5倍，农村最高收入家庭用于医疗保健的人均现金支出比最低收入家庭多将近1倍。

表 9－1　分收入组、分性别健康体检情况

单位:%

收入分组	男性		女性	
	从未检查	最近 3 年内做过	从未检查	最近 3 年内做过
城镇				
低收入组	58. 7	27. 0	51. 6	34. 2
中低收入组	57. 2	28. 2	40. 1	43. 9
中等收入组	46. 3	38. 8	32. 1	52. 6
中高收入组	31. 4	53. 5	17. 9	70. 1
高收入组	19. 9	69. 7	10. 5	82. 1
农村				
低收入组	48. 4	34. 4	49. 5	35. 9
中低收入组	70. 1	19. 2	59. 0	27. 1
中等收入组	62. 4	24. 4	49. 4	36. 7
中高收入组	56. 1	29. 5	37. 9	46. 0
高收入组	31. 5	54. 9	21. 5	66. 8

资料来源：姜秀花、牛建林，2013

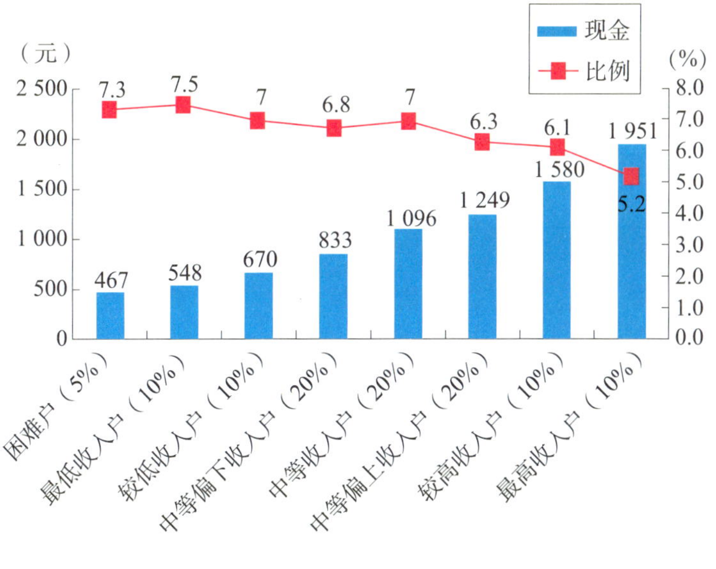

图 9－1　2012 年城镇居民家庭人均医疗保健现金支出及比例

数据来源：国家统计局，国家数据库

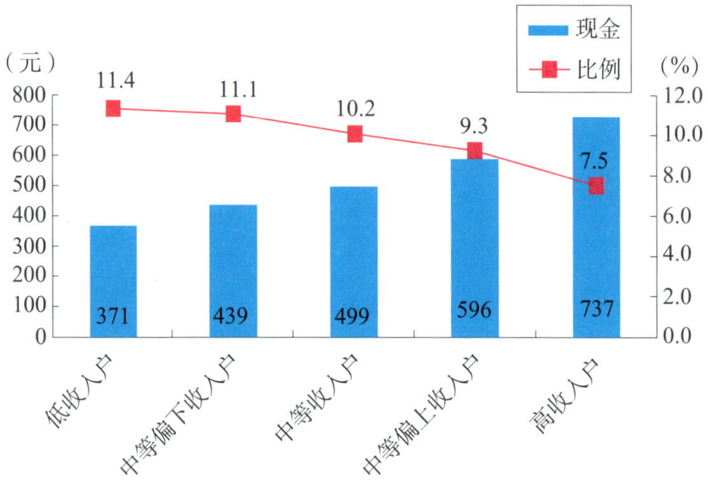

图 9－2　2012 年农村居民家庭人均医疗保健现金支出及比例

数据来源：国家统计局，国家数据库

（四）家庭贫困与健康

家庭收入通过两个途径影响家庭成员的健康：一是通过生活环境及营养和健康保健投入直接影响健康；二是通过医疗费用承担能力直接影响疾病的治疗和康复。贫困家庭在这两个方面都处于劣势。2012 年民政部中国城乡贫困家庭社会政策支持系统建设调查发现，城市和农村贫困家庭中分别有 36.5% 和 49.2% 的家庭成员身体健康状况欠佳（见图9－3），家庭贫困对女性健康的不利影响尤甚。贫困家庭对医疗服务需求的支付能力低，导致一些家庭成员长期患病难以治愈。图 9－1 显示，城镇困难家庭的人均医疗保健现金支出还不到最高收入家庭支出金额的 1/4。这表明，贫困家庭的医疗保健支出更具刚性，并且负担相对更重。

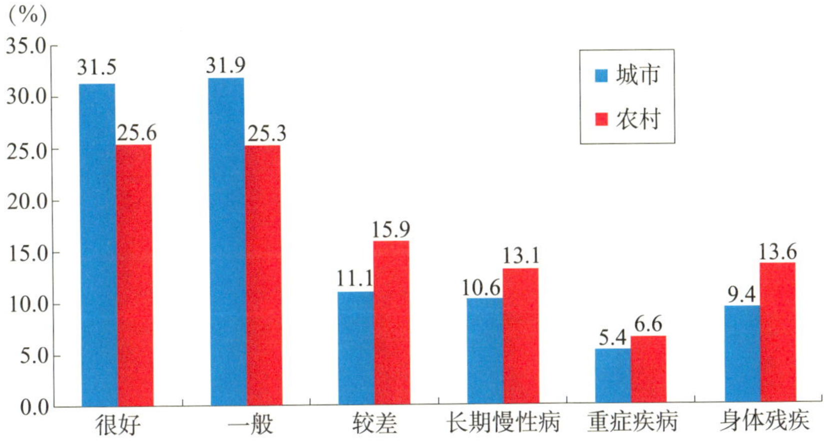

图 9-3 城乡困难家庭成员的健康状况

资料来源：民政部政策研究中心，2012

（五）“工作-家庭平衡”与女性健康

中国女性的就业率一直高于世界上绝大多数国家，而她们也一直承担着家庭照料者的传统角色。第三期中国妇女社会地位调查发现，已婚在职女性平均每天家务劳动时间为156分钟，比已婚在职男性多1.64倍，比未婚在职女性多1.4倍。在职母亲的未成年子女数量越多，花在家务上的时间越多（见表9-2）。由于双重角色在时间和精力分配上的冲突给职业女性造成很大压力，给她们的身心健康带来不利影响。例如，在承担一半以上家务劳动的女性中有心理问题的比例高达41%，比基本上不做家务的女性中有心理健康问题的比例高出14个百分点。由于承担家务和工作的双重压力，城镇在职女性的心理健康问题更多，表现为身心疲惫、失眠和烦躁易怒，这种情况在 40 ~ 54 岁的女性群体中尤为突出。

表 9 - 2　有未成年子女在职母亲的时间资源分配

单位：分钟/天

孩子数量和年龄	工作/学习	家务劳动	休闲	睡觉
孩子数量				
一个孩子	377	133	154	489
两个孩子	298	163	159	495
三个及以上孩子	253	179	130	500
最后一个孩子年龄				
0 ~ 2 岁	270	176	160	500
3 ~ 5 岁	358	134	149	500
6 ~ 12 岁	349	142	154	491
12 ~ 17 岁	353	146	153	485

资料来源：宋秀岩、甄砚，2013

（六）医疗服务可及性和生活卫生条件的改善

在促进家庭健康方面，家庭在外部医疗资源供给方面承担了重要角色。家庭健康的保障之一是医疗服务的可及性。根据 2008 年第四次国家卫生服务调查数据，分别有 83.5% 的城市居民家庭、58% 的农村居民家庭离最近医疗点在1 000 米以内，0.5% 的城市居民家庭、6.3% 的农村居民家庭离最近医疗点在 5 000 米以上。从空间距离上看，中国城乡居民家庭拥有较高的医疗服务可及性。生活卫生环境是影响家庭成员健康的重要因素，其中最重要的是安全的饮用水和卫生的用厕条件。城市家庭基本实现了卫生厕所条件和安全饮用水，农村地区也有很大改善，2012年农村地区卫生厕所的比例为71.7%，无害化厕所普及率达到49.7%，饮用自来水的比例达到了74.6%。但是，在经济不发达的农村地区，家庭的安全饮用水和卫生厕所条件仍需要改善。

三、家庭收入与消费

作为支持家庭发展的物质基础，家庭收入和消费状况直接决定着家庭整体的福利水平。下面将分别从家庭收入、消费结构和家庭住房条件来分析家庭的生活状况。

（一）家庭收入持续增加，生活水平显著提高

改革开放以来，城乡居民家庭收入持续增加（见表9-3）。1990~2000年，城乡居民家庭收入年均增长率分别为6.6%和4.4%；2000~2010年，城乡居民家庭收入增长加快，年均增长率分别为9.2%和6.8%；2011~2013年，城镇居民家庭人均可支配收入平均每年增长8.0%，2013年达到26 955元；农村居民家庭人均纯收入平均每年增长9.9%，2013年达到8 896元。由于收入的增加，居民家庭的生活水平得到明显提升，城乡居民家庭的恩格尔系数由1990年的54.2%和58.8%，分别降至2000年的39.4%与49.1%，2013年进一步降至35%和37.7%。从整体上看，1990年以来，城乡居民家庭生活水平经历了从温饱型到小康型，再到相对富裕型的转变。

表 9－3　城乡居民家庭收入及恩格尔系数

指标	2013 年	2010 年	2005 年	2000 年	1995 年	1990 年
城镇居民家庭人均可支配收入（元）	26 955	19 109	10 493	6 280	4 283	1 510
城镇居民家庭人均可支配收入指数（1978 = 100）	1 226.9	965.2	607.4	383.7	290.3	198.1
农村居民家庭人均纯收入（元）	8 896	5 919	3 255	2 253	1 578	686
农村居民家庭人均纯收入指数（1978 = 100）	1 286.4	954.4	624.5	483.4	383.6	311.2
城镇居民家庭恩格尔系数（%）	35.0	35.7	36.7	39.4	50.1	54.2
农村居民家庭恩格尔系数（%）	37.7	41.1	45.5	49.1	58.6	58.8

资料来源：国家统计局，国家数据库

（二）消费内容不断丰富，耐用消费品更为普及

城乡居民家庭消费的一个重要变化是消费内容的不断丰富。2012 年，城乡居民家庭的人均现金消费支出中，城镇和农村在家庭设备及用品、医疗保健、交通通信和文教娱乐这四项的支出比例分别达到了 40% 和 36.1%（见表 9－4）。2012 年城镇每百户居民家庭拥有的家用汽车分别为 21.5 辆，而 2000 年只有 0.5 辆和 0.3 辆；2012 年城乡每百户居民家庭拥有计算机分别为 87 台和 21.4 台，2000 年只有 9.7 台和 0.5 台。彩电作为城乡居民家庭文化娱乐生活的重要工具已

经普及，2012 年城镇居民家庭每百户彩电的拥有量已经达到 136 台，农村也达到了 117 台。

表 9－4　2012 年全国城乡居民家庭年人均现金消费支出比例

单位：%

	现金消费支出	食品	衣着	居住	家庭设备及用品	医疗保健	交通通信	文教娱乐	其他
城镇	100	36.2	10.9	8.9	6.7	6.4	14.7	12.2	4.0
农村	100	34.4	7.3	19.5	6.3	9.5	12.1	8.2	2.7

数据来源：国家统计局，国家数据库

（三）自有住房比例高，住房条件显著改善

住房作为城乡居民非常重要的家庭财产，为家庭成员提供了安身立命的基本保障。根据第六次全国人口普查数据，2010 年全国平均每户住房为 3.1 间，人均住房建筑面积为 34.9 平方米。自有住房的家庭比例达到 85.4%，无住房的比例为 0.2%。就住房的配套设施来看，城市住房基本上都有厨房、管道自来水、厕所和洗澡设施，农村住房配套设施与城市相比还有一定差距（见表 9－5）。

表 9－5　2010 年按照住房设施状况分的家庭户

单位：%

	有厨房	有管道自来水	有洗澡设施	有厕所
全国	84.7	64.6	54.4	72.5
城市	91.8	93.2	77.6	89.1
镇	87.1	76.0	62.4	76.6
乡村	79.1	41.8	36.4	60.2

资料来源：根据第六次全国人口普查资料整理

四、儿童发展和教育

儿童时期是人生发展的第一个阶段，也是最重要的时期。抚育子女健康成长是家庭的核心功能之一，而教育投资已成为中国家庭的重要活动之一。

（一）儿童营养与健康状况显著改善

由于家庭收入水平和生活质量不断提高、儿童科学喂养和平衡膳食、儿童营养干预广泛开展和妇幼保健服务水平全面提升，中国儿童生存质量和健康水平显著提高。具体表现为：一是婴幼儿死亡率进一步下降。根据全国妇幼卫生监测数据，1991～2013年，新生儿死亡率从33.1‰降至6.3‰，婴儿死亡率从50.2‰降至9.5‰，5岁以下儿童死亡率从61.0‰降至12.0‰，其中农村地区婴幼儿死亡率下降幅度更大（见表9－6）。二是营养状况持续改善。2010年，5岁以下儿童低体重率为3.6%，比1990年下降了74%，生长迟缓率为9.9%，比1990年下降了70%。与发达国家的差距逐渐缩小。目前，城市儿童的平均生长发育水平已达到甚至超过世界卫生组织推荐的儿童生长标准（见图9－4），接近西方发达国家同龄儿童的平均水平。

（二）父母对孩子期望高

中国的父母对孩子寄托着更多的希望，高度重视孩子的教育。随着经济社会发展和家庭收入水平的提高，父母对孩子的教育越来越重视，期望也越来越高。根据北京大学2012年中国家庭动态跟踪调查，在有15岁以下孩子的父母中，90%以上的父母希望子女接受高等教育。其中，97%的城市父母期望子女接受高等教育，农村父母有此期望的比例接近90%；有38%的城市父母期望子女读研究生，农村父母中的这个比例也达到了24%。这表明，无论是城市还是农村，子女接受高等教育已经成为父母的普遍期望。该项调查还发现，家庭收入水平越高，父母对子女的教育期望越高。在城市和农村家庭收入最高的25%家庭中，期望子女读研究生的父母比例分别占50%和32%，而在收入最低的25%家庭中，这个比例分别为29%和17%。实际上，中国教育事业特别是高等教育的迅速发展为父母对子女教育期望的实现创造了条件。2012年，全国小学净入学率为99.9%，小学升学率达到98.3%；在初中毕业生中有88%升入高中学习，87%的高中毕业生考入大学，分别比2000年提高了37个百分点和13个百分点。

表9-6 监测地区儿童死亡率

单位:‰

	1991年			2013年		
	合计	城市	农村	合计	城市	农村
新生儿死亡率	33.1	12.5	37.9	6.3	3.7	7.3
婴儿死亡率	50.2	17.3	58.0	9.5	5.2	11.3
5岁以下儿童死亡率	61.0	20.9	71.1	12.0	6.0	14.5

资料来源：全国妇幼卫生监测系统，2013

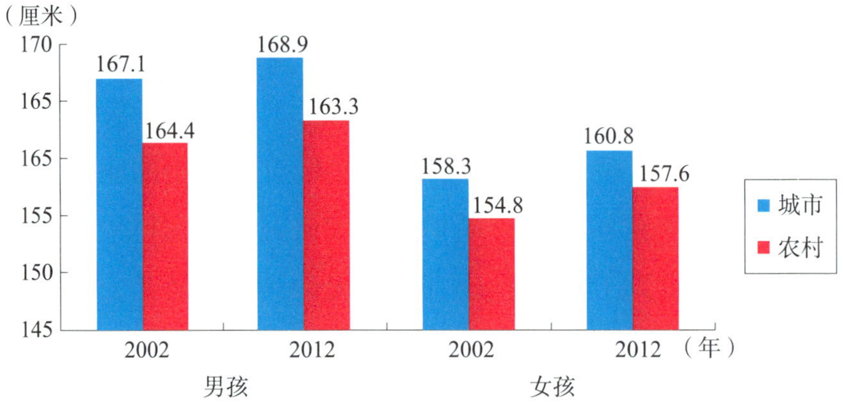

图 9－4　城乡 15 岁儿童身高的变化

数据来源：北京大学中国社会科学调查中心，2013

（三）家庭教育投入大幅增长

中国家庭的教育投入呈现持续增长的趋势（见图9－5）。根据国家统计局的调查，2012 年城镇居民家庭平均在教育上的现金支出为 2 180 元，扣除物价影响后比 2000 年增加了 46%，比 1995 年增加了 1.8 倍。另据北京大学 2012 年中国家庭动态追踪调查，2012 年城市户籍家庭平均教育支出为 3 458元，农村户籍家庭为 1 368 元，分别占家庭总支出的 8.5% 和 9.2%；家庭教育支出在地区之间也存在着明显差别，即东部地区最高，中部地区次之，西部地区最低（见表 9－7）。该项调查还有一个发现，即女孩获得的家庭教育投入略高于男孩。

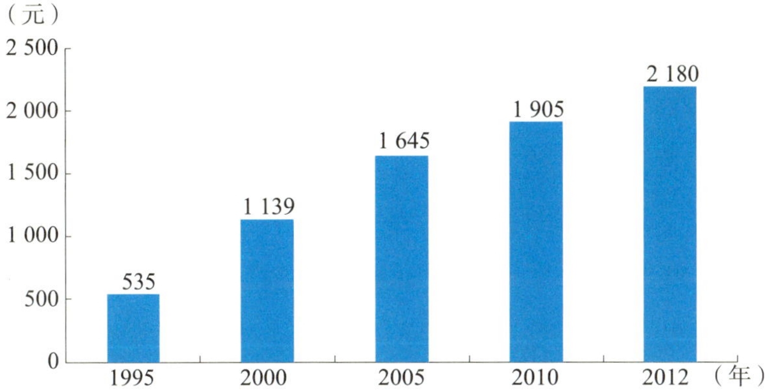

图 9－5 城镇居民家庭平均教育支出

数据来源：国家统计局，中国统计年鉴

表 9－7 2012 年分区域城乡居民家庭平均教育支出

单位：元

	合计	农村户籍	城市户籍
全国	1 804	1 368	3 458
东部	2 208	1 735	3 613
中部	2 069	1 498	3 594
西部	1 056	923	2 464

资料来源：北京大学中国社会科学调查中心，2012

（四）儿童早期发展开始得到家庭和社会的重视

早期发展对于儿童一生的发展具有非常重要和深远的影响。家庭是儿童早期发展的第一课堂，父母是儿童的第一任老师。目前，儿童早期发展在中国已经起步，越来越受到家庭和社会的重视。幼儿园和一些儿童早期教育专业机构不仅为儿童提供早期教育服务，也为家长提供儿童早期教育知识，提升家长的教育能力。政府也开始大力促进早期教育的发展，2003 年国务院办公厅转发了教育部、中央编办、国家计委、民政部、财政部、劳动保障部、建设部、卫生部、国务院妇儿工委、全国妇联《关于幼儿教育改革与发展的指导意见》（以下简称《指导意见》）。《指导意见》提出逐步形成以公办幼儿园为骨干和示范，以社会力量兴办幼儿园为主体，民办与公办、正规与非正规教育相结合的发展格局。要求根据城区和乡镇各自的特点，建立以居民社区为基础，以区域示范性幼儿园为中心，灵活多样的幼儿教育形式相结合的幼儿教育服务网络体系，为 0 ~6 岁儿童和家长提供早期保育和教育服务。

五、家庭贫困

消除家庭贫困是联合国家庭发展政策的首要议题，也是中国政府长期致力解决的问题。经过多年的努力，中国的贫困发生率大幅度下降，实现了千年发展目标。但是，目前仍有一定数量的贫困家庭。

（一）接受低保和五保供养的家庭近 4 500 万户

当一个家庭的经济状况和收入水平无法维持家庭成员所需要的最低生活必需品时，这个家庭就陷入了贫困状况。民政部《社会服务发展统计公报》数据显示，2012 年年底接受最低生活保障救助和五保供养的城乡家庭合计达到 4 459 万户，占全国家庭总数的 11.1%，这些家庭的人口总数达到了 8 034 万人，占全国人口的 5.9%。其中，农村低保家庭 2 815万户，占 63.1%；城市低保家庭 1 115 万户，占 25.0%，农村五保家庭 529 万户，占 11.9%。此外，2012 年对城市“三无”救济人员的救助人数达到了 9.9 万人（见图 9－6）。

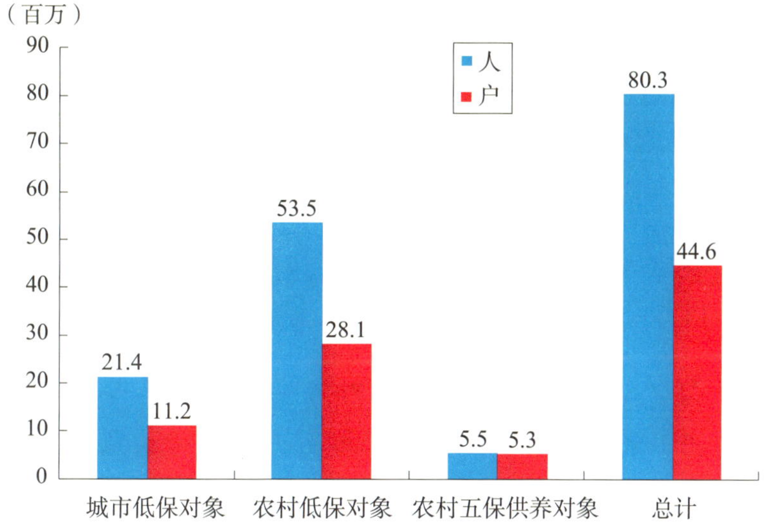

图 9－6　2012 年接受最低生活保障的家庭户与人口数

数据来源：民政部，2012

按照年人均纯收入 2 300 元（2010 年不变价）的农村扶贫标准计算，2013 年农村贫困人口为 8 249 万人，比上年减少 1 650 万人。根据《中国城市发展报告》中的数据，目前城市贫困人口数大约为 5 000 万人，是目前低保标准和受保人数的 2 倍左右。因此，城乡贫困人口远远超过 8 000 万人。

（二）劳动力短缺和患病是家庭陷入贫困的重要原因

劳动力短缺、就业面窄是家庭贫困的重要特征，也是导致这些家庭陷入贫困的重要原因。2011 年全国城镇低收入户平均每一就业者的负担人数为 2.56 人，比城镇平均水平多 0.62 人，平均每户就业面只有 39.1%，比城镇平均水平低 12.5%；农村低收入户平均每一就业者的负担人数为 1.52，略高于农村平均水平，平均每户就业面为 65.9%，低于农村平均水平（见表 9－8）。根据民政部 2012 年的调查，在城乡贫困家庭中，有 60%～70% 的家庭没有或只有一个劳动力。农村贫困家庭有劳动能力的人平均只有 1.05 人，平均负担 2.57 人，导致农村贫困家庭劳动力短缺的原因主要是病伤残和年老。城市贫困家庭平均每户就业劳动力只有 0.79 人，而就业者中主要是从事低收入的非固定工作。

表 9－8　2011 年城乡居民家庭就业者负担情况

单位：人，%

	平均每户家庭人数	平均每户就业人口数	平均每一就业者负担人数	平均每户就业面
城镇	2.87	1.48	1.94	51.6
农村	3.90	2.78	1.40	71.3
城镇低收入户	3.30	1.29	2.56	39.1
农村低收入户	4.49	2.96	1.52	65.9

资料来源：国家统计局，国家数据库

患病是造成家庭贫困的另一个重要原因。根据民政部数据，2012 年在城市申请低保的家庭中，有 27% 的家庭是因为家庭成员患重大疾病；在农村申请低保的家庭中，超过一半的家庭是因为家庭成员因病残丧失劳动能力。因看病借债是城乡贫困家庭借债的主要原因，其中农村借债的贫困家庭中，有 55% 的家庭是因为看病借债，城市贫困家庭的这一比例也高达 51%。

（三）对子女人力资本投资能力不足

对子女的人力资本投资是贫困家庭摆脱贫困的重要途径，也是切断贫困代际传递链条的主要方法。贫困家庭和低收入家庭父母对子女也有着较高的教育期望，例如，北京大学中国家庭动态跟踪调查结果显示，低收入家庭的父母中有将近 80% 期望子女能够接受高等教育。但是，因为收入低和子女过早进入劳动力市场，导致了贫困家庭人力资本投资不足。根据民政部 2012 年调查结果，农村贫困家庭 17 岁及以上的第一个子女中有 71% 的人只受过初中教育，只有 12% 的人接受过高等教育。城市贫困家庭的情况略好一些，有 28% 的人接受过高等教育，但仍有 45% 的人只接受过初中及以下教育。在有子女在学的城市和农村贫困家庭中，子女教育支出占家庭收入的比例分别为 25% 和 32%，占家庭消费支出的比例分别为 22% 和 28%，远远高于其他家庭。而教育支出也成为城乡贫困家庭借债的重要原因，所占比例达到了 27%。

第十章

家庭发展的政策实践与政策需求

中国的家庭发展面临着一系列挑战，但同时也有更为积极和光明的前景。家庭发展政策是以家庭为对象，赋予家庭权能，旨在增强家庭发展能力和提高家庭福利水平的制度安排。面对迅速增长的家庭发展需求，中国政府制定和实施了一系列促进家庭发展的政策。但是，目前的家庭政策仍需进一步加强和完善，把建立直接以家庭整体为对象的家庭政策体系作为社会发展和社会政策改革的优先领域。

家庭在个人生存和发展过程中发挥的基础性作用是不可替代的，具有一些其他社会组织无法比拟的优势。在社会转型、人口变化和家庭变迁的新形势下，家庭发展既面临着一系列挑战，同时也具有光明的前景。

一、家庭发展的政策实践

家庭发展有两个基本途径：一是家庭自身的发展能力建设；二是外部环境的支持，尤其是来自政府对家庭发展的政策支持。家庭发展政策是以家庭为对象，赋予家庭权能，旨在增强家庭发展能力和提高家庭福利水平的制度安排。家庭发展政策属于国家基础性的民生制度安排，是国民收入再分配的重要手段，是最有社会价值的投资，它在一定程度上代表了一个国家的社会发展水平和人民福祉水平。

（一）中国国家层面的家庭政策体系

到目前为止，中国政府制定并实施的涉及家庭的政策有七十多项，大体可分为五类。一是财政支持政策，即对家庭及家庭成员的现金支持和物资支持，主要是对贫困家庭、低收入家庭、计划生育家庭以及家庭中妇女、儿童和老人的援助等。二是支持妇女的政策，主要包括女性在孕期和哺乳期的劳动权利、女性产假、男性产假、育儿假期等，支持女性就业及其劳动权利的保护。三是对儿童的支持与服务，涉及儿童教育、儿童抚养、儿童安全、儿童福利，尤其是对孤儿、残疾儿童、艾滋病患儿等特殊儿童群体的支持。四是计划生育利益导向政策，即包括对各类计划生育家庭的奖励、优惠、保障和扶助等政策。五是与家庭相关的政策，主要是最低生活保障制度、廉租房、生育保险、居家养老政府购买服务、城乡医疗救助制度中针对困难家庭的补助等社会保障政策和社会福利措施等。

专栏 10－1　创建幸福家庭活动

2011 年，国家人口计生委、中国计划生育协会、中国人口福利基金会启动创建幸福家庭活动试点工作。2013 年，国家卫生计生委组建成立后，继续深入推进创建幸福家庭活动试点工作。截至目前，共有 12 个试点省份和 140 个试点市。

3 年来，各地紧紧围绕“文明、健康、优生、致富、奉献”主题，扎实开展“宣传倡导、健康促进、致富发展”三大活动，为城乡家庭特别是计划生育家庭做好事、办实事、解难事，促进了计生工作转型发展，密切了党群干群关系，增进了社会和谐。创建活动已经成为提升家庭幸福指数的切实举措，成为百姓普遍认可的知名品牌。

为进一步促进家庭发展，增进人民福祉，2014 年，国家卫生计生委决定在全国全面开展创建幸福家庭活动。弘扬中华民族传统美德，推动社会主义核心价值观及文明理念更加深入人心；提高全民健康和计划生育/生殖健康水平，促进出生人口性别平衡；健全完善有利于家庭发展的经济社会政策，全面提高家庭发展能力、生活质量和幸福指数。

专栏 10－2 新家庭计划——家庭发展能力建设项目

为提升城乡家庭，特别是计划生育家庭在健康、育儿、养老和文化建设等方面的发展能力，探索建立有中国特色的家庭发展模式和道路，从2013年开始，国家卫生计生委家庭司正式启动“新家庭计划——家庭发展能力建设”项目，围绕家庭保健、科学育儿、养老照护、家庭文化等方面为广大家庭提供培训和服务，提高家庭成员的健康水平和家庭发展能力。项目由中国人口福利基金会具体组织实施。

项目培训内容：(1) 家庭保健：通过健康咨询、健康教育等方式培养家庭成员健康的生活习惯，消除健康隐患，提高自我保健的意识和能力。(2) 科学育儿：普及婴幼儿（0－3岁）家庭养育的科学知识，帮助家长提升儿童抚育、儿童安全意识培养等方面的能力。(3) 养老照护：普及老年人慢性病的预防知识和常见病的干预手段，重点关注高龄老人、独居老人、失能老人等的身心问题，提高家庭成员居家照护老年人的能力。(4) 家庭文化：普及家庭礼仪常识，传播孝亲文化，弘扬家庭美德。

项目实施方式：在全国31个省（区、市）各选出一个城市社区和一个农村社区作为国家级试点。新疆生产建设兵团，解放军、武警部队计划生育领导小组，中直机关、中央国家机关人口计生委各选2个单位作为国家级试点。组织国家级专家团队，对社区干部直接开展培训，再由社区干部对社区的家庭开展培训，同时组织开展相关配套活动，面向城乡家庭传播知识、培训技能、提升能力。

家庭政策覆盖的领域包括家庭健康、家庭经济、家庭教育、家庭贫困、性别平等与妇女发展等领域。中国的家庭发展政策强调对家庭变迁的回应，关注家庭对社会福利和社会

服务的需求变化。如在城镇化进程中，强调对留守家庭和留守儿童的关注，对流动家庭和流动儿童的关注；在老龄化进程中，加强对独居老人的支持，对社区养老和养老机构的发展给予政策支持；在消除贫困的制度安排中，根据家庭的整体状况来评估家庭的需求，给予最低生活保障方面的救助。此外，家庭发展政策也在社会福利项目和行动层面积极支持家庭的发展能力建设。

（二）中国家庭发展政策的主要实践

为适应家庭领域的形势变化，中国政府从提高家庭发展能力，完善家庭发展政策入手，在家庭发展政策领域所做的探索与实践主要体现在以下几个方面：

第一，将促进家庭发展纳入国家发展战略。在国家发展战略中引入家庭视角，将提高家庭发展能力，促进家庭和谐幸福作为《国家人口发展十二五规划》的重要任务。提出在优生优育、青少年成长、家庭保健和养老保障等方面，加快建立中国特色的家庭政策体系。加大对孤儿监护人家庭、老年人家庭、残疾人家庭、留守家庭、流动家庭、受灾家庭和其他特殊困难家庭的扶持力度。

第二，在生活保障方面给予家庭直接的财政支持。对“零就业”家庭提供免费的教育培训，帮助家庭提高就业的机会和能力，并向贫困家庭提供必要的就业援助，为失业家庭提供基本生活保障。为提高家庭抵御风险的能力，大力发展社会保险制度，将城镇困难居民纳入基本医疗保险的补助范围，在农村建立政府投入为主的新型合作医疗制度。

第三，大力开展家庭服务，注重培养新型家庭文化。重视加强提升家庭婴幼儿抚育、青少年教育和老年人赡养能力，积极探索以社区为载体的家庭服务体系，为家庭提供医疗、培训、照护等相应支持，全面提升家庭可持续发展能力。在家庭文明建设方面，倡导婚姻自由平等、生殖健康、优生优育、社会性别平等的观念，倡导积极健康、负责任的婚育行为，促进家庭和谐幸福。

第四，针对计划生育家庭建立福利政策体系。建立了农村部分计划生育家庭奖励扶助制度，向农村年满 60 周岁的计划生育夫妇每人每月发放奖励扶助金。建立了计划生育家庭特别扶助制度，对计划生育特殊困难家庭的夫妇，每人每月发放特别扶助金。另外，针对国家西部地区特定农牧区可生三个孩子而自愿少生一个或两个孩子，并已落实安全适宜长效节育措施的夫妇，给予一次性奖励。

（三）中国现行家庭发展政策存在的主要问题

总体而言，中国直接或间接的家庭政策数量并不少，涉及的领域也比较广泛，但仍存在着一些问题：一是政策的定位不准，缺乏顶层设计和长期制度安排；二是政策的对象不清，缺乏普遍的专门以家庭为基本单位的家庭政策；三是政策价值导向不明，缺乏“家庭友好”的价值导向；四是政策视角过窄，基本上是以选择性政策为主，缺乏对家庭成员相互照顾的制度激励；五是管理体制不顺，缺乏统筹协调机制，导致政策的碎片化和互相衔接的困难。

目前，中国仍然处于家庭的自我保障阶段，家庭是满足社会成员保障和发展需要的核心系统，但是在社会转型中，家庭越来越难以独立应对各种风险和不确定性因素，也越来越需要家庭政策的支持。但是，这些政策需求并没有充分反映在家庭发展政策上。家庭发展政策存在覆盖范围小、实施范围窄、以补充性为主的问题。现行的以家庭整体为对象的政策主要是低保制度和计划生育奖励扶助制度，主要对象是贫困家庭、计划生育家庭、特殊儿童家庭等功能不完整的家庭。其他针对家庭中成员的政策安排比较缺乏家庭整体视角，社会福利项目或行动也较多集中于特殊儿童家庭，而结构较为完整的家庭更多依靠自我保障。

（四）可供借鉴的其他国家的家庭政策

自 20 世纪 70 年代起，世界各国与地区的家庭政策面临着多项社会变化的挑战，家庭规模、家庭结构、家庭角色以及与之相关的老龄化、低生育率、高离婚率等社会背景使这些国家重新思考有关家庭的制度与政策。80 年代以来，发达国家在对传统福利国家模式反思的基础上，提出“发展型社会政策”或称“积极福利”的新模式并进行改革，对政府和家庭责任重新界定，强化对家庭功能的支持。西方福利国家的公共政策不再强调对市场或者宏观社会制度的干预，而是越来越多地转向对家庭的支持，以使家庭更好地适应社会环境的变化。这些国家的家庭政策价值取向在两个方面出现了重要变化：一是家庭的自我保障转变为由社会与政府共同支持的导向。面对家庭的变化，原有的以家庭自我保障为主的社会福利安排已经无法适应家庭的变化，各国政府正在探索新的福利政策安排，来应对家庭功能及其需求的变化，家庭逐渐成为社会政策的主要关注层面。二是家庭政策从支持型转为发展型的导向。随着普惠型的社会福利价值取向形成，很多国家的社会政策安排也作出了相应的调整，福利政策的对象开始从一部分贫困阶层扩大到一般居民生活的层面，福利内容也从单一的经济补助转变为非货币化的福利服务。这一趋势反映了许多国家的社会福利从支持性政策逐渐过渡到发展性政策，从满足家庭最基本的生存需求转向建构家庭的功能，进而提升家庭的能力。

专栏 10-3 一些国家的家庭政策实践

一、英国——以儿童为中心

英国属于“自有福利国家”，对家庭倾向于不干预，在家庭政策的制定方面落后于许多欧洲国家，没有明确成体系的家庭政策。由于英国的儿童贫困问题较为突出，因此其家庭政策主要是围绕儿童的。有儿童的家庭可以享受确定生育补助（Sure Start Maternity Grant）、儿童福利金（Child Benefit）、儿童税收减免（Child Tax Credit）等，并为每个儿童建立一个儿童信托基金（Child Trust Fund），该基金 2011 年后被少年个人储蓄账户（ISA）所替代。稳健起步儿童中心（Sure Start Children's Centres）提供从怀孕到孩子小学所需的各种幼儿服务以及咨询，给予家长和照顾者以支持。对于收入低微，又需要照顾至少 1 名儿童的家庭，政府给予家庭津贴。教育方面，所有的三四岁的孩子在英国享有一年中 38 个星期每星期 15 小时的免费早期教育，为学生提供学费贷款和一定的生活费贷款和补助，为残疾学生提供津贴（DSAs）。

二、加拿大——普惠取向

“二战”后至今，加拿大逐渐形成了以政府为主导的较为完善的社会福利制度网络。加拿大为家庭提供财政支持的政策有：为有子女的家庭提供税收优惠的相关政策，包括加拿大儿童税收优惠项目（CCTB）和加拿大社会儿童抚养优惠项目（UCCB）；由加拿大国家儿童福利组织代理加拿大政府实施的加拿大儿童社会福利补助项目（NCB）；针对肢体和智力长期严重损伤的18岁以下儿童的免税措施（CDB）。加拿大规定，怀孕的妇女有15周假期，孩子出生后，夫妻双方可以休35周的父母假，准妈妈在产前两个月的时候，就可以申请失业保险金；儿童从入幼儿园到高中毕业，享受免费的义务教育；子女6岁以前可享受社会儿童抚养优惠项目（UCCB），通过政府直接的财政支持来鼓励父母外出工作并雇佣保姆来照看孩子。

三、瑞典——“去家庭化”，给家庭最充分的支持

瑞典是典型的社会民主主义福利体制和家庭体制的国家，主要特点之一是“去家庭化”，即国家不是等到家庭没有能力对家庭成员提供支持时再提供帮助，而是先发地将家庭关系成本社会化，减少个人对家庭的依赖。瑞典儿童享受普惠的儿童津贴，政府还发放儿童保育津贴、房屋津贴、单亲家庭津贴及残疾/生病儿童照顾津贴等。瑞典的产假政策也十分成熟。孕妇在孕期的最后60天可休息50天，工资为原来的80%。带薪育儿的假期长达480天，为欧洲各国最长，父母各60天，剩下的一人一半，但可以转让，父母平等地使用育儿假还可以获得性别平等奖励。瑞典的公共托育服务体系在各国中最为完善，只要父母有一方工作或失业参与再就业培训，1～6岁的儿童就可享受优惠的学龄前教育，其儿童服务的品质也相当高。地方政府提供服务和照料的资金，老人有选择接受服务方式的权利。民营福利服务机构在社会服务的提供中也发挥着重要作用，但都具有公共的基本性质。

二、家庭发展的政策需求

虽然中国的家庭发展面临着各种挑战，但是家庭发展还有更为积极的一面，有着更光明的发展前景：高速的经济发展和收入水平的提高为家庭发展奠定了丰富的物质基础，全面深化改革为家庭发展提供了制度保障，教育和医疗卫生事业发展为家庭发展人力资本积累创造了良好的条件，家庭政策和家庭公共服务体系建设可以为家庭发展提供直接支持。在经济、社会、人口和家庭等出现新变化的形势下，家庭发展更需要国家和社会的支持。

专栏 10-4 联合国对于家庭政策的最新认识

虽然全世界在人口、社会、经济方面正发生着对家庭产生影响的重大变化，但家庭仍是生育、消费、资产建设的基本社会单位，在世界许多地区也是生产的基本单位。家庭对儿童的发展、教育、社会化担负主要责任。家庭为成员提供物质和非物质照顾和支助，而且是代际团结和社会融合的中坚力量。能否实现各项发展目标，在很大程度上取决于如何赋予家庭权能，使其能履行多种功能。有利于家庭的政策在协助家庭履行职能方面具有独特作用，并且有益于整个社会。

各国政府在很大程度上为解决家庭面临的日益严重的挑战，已在国家层面积极推行有利于家庭的政策。有充分证据表明，家庭政策唯有以整个家庭单位及其动态为目标，而非重在解决家庭成员个人的需要，才最为有效。有利于家庭的政策大都旨在增强家庭摆脱贫穷的能力，以及确保其经济独立。这些政策日益重视促进工作和家庭的平衡，以协助家庭管理其职能和增进儿童发展。最近，一些政策还确认有必要促进和支持代际关系与团结。

旨在减少贫困、确保工作与家庭平衡及支持健康的代际关系的政策可彼此互补，不仅会积极影响个体家庭和社区，而且会影响整个社会。事实已经证明，这些政策有助于确保家庭福祉，且促进加强连接各代的纽带。扶贫工作，如针对有孩子家庭的收入支持方案、有条件和无条件的现金转移和儿童福利，可改善儿童和家庭福利，但可能不足以让家庭永久摆脱贫困。虽然有酬就业是防止陷入贫困的最佳办法，但是，不注重工作与家庭协调的策略不仅对劳动者的工作质量、健康和生产力有负面影响，还会影响到他们的家庭和孩子。各国政府与雇主组织和工人组织合作，负责实施促进工作和家庭平衡的立法和政策框架。这样的安排包括休假福利、儿童保育和工时安排。这些领域的政策和做法可以使工作场所更顾及家庭的需求，且支持儿童发展和性别平等。社会养老、支持照料家庭者、多代住房安排和代际团结方案对加强相互联系和帮助建立一个不分年龄、人人共享的社会是必不可少的。

家庭政策应该保证家庭根据自己的需要和价值观享有各种机会和选择。此外，这种政策应与家庭本身协作予以制定。由于家庭政策是跨部门的，旨在赋予家庭权能，而不是承担其职能，因此，家庭、家庭组织和民间社会行动者应合作制定、监测和执行政策。

（一）大力推进家庭发展的重点领域政策

推进家庭发展政策的适度普惠性，为一般性家庭提供普遍的支持。为独生子女家庭、有抚幼或养老责任的中低收入家庭提供广泛的支持；整合现有民生制度，在收入分配、医疗、住房、就业、教育、社会保障等基本民生制度安排中，以家庭为基本单位，提供各种福利津贴，制定家庭税收优惠政策，即在税收政策中认可家庭在负担子女或赡养老人等责任方面付出的成本；在家庭相关福利制度中体现出对家庭责任承担的社会承认，通过正式的制度安排和公共服务实现对家庭抚育子女、赡养老人、照顾家人等责任承担的支持和协助。

进一步加大对高风险家庭的支持。建立家庭福利津贴制度，针对不同的困难家庭类型，以及家庭的不同需要，加大对特殊家庭和特殊社会群体的支持力度。在增进城乡居民家庭福利的同时，把对贫困家庭、单亲家庭、残缺家庭、老年人家庭、残疾人家庭、计划生育特殊困难家庭等支持与保障作为家庭政策改革的优先、重点领域，提高支持力度和保障水平。

（二）注重家庭救助与发展能力建设相结合

一方面，家庭发展的外部支持，尤其是家庭政策不仅应该提升生活在家庭中的儿童、老人、妇女的社会福利和生活质量，更需要对家庭成员之间的责任分担形成支持与鼓励。通过完善功能来保障家庭的基本生活，如对贫困家庭实施救助，对贫、老、幼、病、残的家庭给予救助支持，全面提升儿童、老人、妇女的社会福利和家庭生活质量。另一方面，应进一步对家庭的发展能力进行投资，提升家庭整体的责任承担和应对风险的能力，全面提升家庭的发展能力，加强对家庭成员的人力资本投资，增加家庭成员的就业机会，通过对家庭的社会投资来实现家庭的全面发展。由此，家庭政策应不仅仅停留在补缺功能和支持功能的层面上，更要通过预防功能和社会投资功能促进家庭能力的全面提升，实现社会政策的“造血”功能，最终激发家庭的自我发展潜能。

（三）尊重家庭的多样性与自主性

促进家庭发展，要尊重家庭的多样性与自主性。在增强家庭发展能力的一般性政策安排基础上，要根据家庭的变化趋势以及家庭功能的弱化情况，有针对性地对家庭给予支持，通过专项政策帮助困难家庭和残缺家庭，提高家庭发展能力。政府的家庭发展政策并不能替代家庭自身的基本功能，而是要在家庭充分发挥其自身潜能的基础上，支持和强化家庭功能。

（四）引入社会资源与社会力量推进家庭发展

家庭发展的利益相关主体除了政府和家庭之外，还包括市场、非政府组织和其他非正式网络。这些不同的主体互相关联，产生复杂的影响。但作为基础性的家庭政策，应该首先以政府为主导，并链接政府、市场和社会组织等不同的利益主体。在家庭政策体系中，应该制定专门政策，积极鼓励各种社会资源进入家庭福利与服务领域，增进家庭功能的社会替代品和补充品的有效供给；建立以公共服务为基础，以社会服务和市场服务为补充的“三位一体”的家庭服务体系，推动全社会对家庭发展的关注与支持。根据家庭的经济能力和服务需求整合公共服务、社会服务和市场服务，以满足家庭的多元化需求。以政府为政策主体来建立、实施和拓展家庭服务体系，政府要建立准入标准和监管制度，充分调动、整合市场和社会组织的力量，构建满足需求的家庭服务体系。

参考文献

1. Beavers, W. H. and Hampson, R. The Beavers Systems Model of Family Functioning. Journal of Family Therapy , 2000, 2: 128 – 143.
2. Eurostat, EU, http: //epp. eurostat. ec. europa. eu/portal/page/portal/household_ budget_ surveys/Data/database, 2006.
3. Eurostat, EU, http: //epp. eurostat. ec. europa. eu/portal/page/portal/household_ budget_ surveys/Data/database. 2013.
4. Garcia – Moreno, C. , Jansen, H. A. , Ellsberg, M. , Heise, L. , & Watts, C. H. , 2006. Prevalence of intimate partner violence: finding from the WHO multi – country study on women' s health and domestic violence. Lancet, 368 (9543), 1260 – 1269.
5. Mattessich, Paul and Hill, Reuben. 1987. Life Cycle and Family Development. Handbook of marriage and family. Springer. 437 – 369.
6. Miller IW, Ryan CE et al. The McMaster Approach to Families: theory, assessment, treatment and research. Journal of Family Therapy, 2000, 22: 168 – 189.
7. Olson, D. H. Circumplex Model of Marital and Family Systems. Journal of Family Therapy, 2000, 2: 144 – 167.
8. Shek, D. T. Family functioning and Psychological Well – being, School Adjustment, and Problem Behavior in Chinese Adolescents with and

without Economic Disadvantage. Journal of Genetic Psychology, 2002, 4: 497 - 500.

9. Skinner, H. and Steinhauer, P. Family Assessment Measure and Process Model of Family Functioning. Journal of Family Therapy, 2000, 2: 190 - 210.

10. UNSD, Demographic Statistics, UNdata.

11. 北京大学中国社会科学调查中心. 中国民生发展报告2013. 北京大学出版社, 2013.

12. 曹广忠, 边雪, 赵金华. 农村留守家庭的结构特征与区域差异——基于6省30县抽样调查数据的分析. 人口与发展, 2013 (4).

13. 曾秀敏, 彭洪林, 崔万秋. 当前家庭教育中存在的主要问题及对策思考. 党史博采 (理论), 2009 (3).

14. 陈洪光. 流动人口随迁子女义务教育问题研究——基于长吉图地区流入人口调查数据的分析. 吉林大学东北亚研究院, 2013.

15. 陈卫, 刘金菊. 流动人口家庭化及其影响因素. 人口学刊, 2012 (6).

16. 陈星宇. 农村空巢老人生活状况和政策建议——基于厦门市的调查. 前沿, 2009 (7).

17. 陈友华, 祝西冰. 家庭发展视角下的中国婚姻法制实然与应然. 探索与争鸣, 2012 (6).

18. 迟巍, 钱晓烨, 吴斌珍. 我国城镇居民家庭教育负担研究. 清华大学教育研究, 2012 (3).

19. 初炜, 胡冬梅, 孔祥金, 吴云红, 宋桂荣. 农村老年人群对养老方式的态度及养老模式探析. 中国农村卫生事业管理, 2008 (2).

20. 戴卫东. 家庭养老的可持续性分析. 现代经济探讨, 2010 (2).

21. 丁娟, 李文. 关于妇女社会地位认知与态度基本状况的分析与思考//第三期中国妇女社会地位调查论文集 (1). 中国妇女出版社，2013.

22. 杜鹏．中国老年人口健康状况分析．人口与经济，2013（6）．
23. 杜鹏，李强．1994～2004 年中国老年人的生活自理预期寿命及其变化．人口研究，2006（5）．
24. 段成荣，梁宏．我国流动儿童状况．人口研究，2004（1）．
25. 段成荣，吕利丹，邹湘江．当前我国流动人口面临的主要问题和对策——基于 2010 年第六次全国人口普查数据的分析．人口研究，2013（2）．
26. 费孝通．家庭结构变动中的老年赡养问题——再论中国家庭结构的变动．北京大学学报（哲学社会科学版），1983（3）．
27. 费孝通．论中国家庭结构的变动．天津社会科学，1982（3）．
28. 费孝通．生育制度．天津人民出版社，1981.
29. 费孝通．乡土中国，生育制度．北京大学出版社，1998.
30. 风笑天．中国独生子女问题研究．经济科学出版社，2013.
31. 高侠丽，侯春在．家庭功能理论的研究进展．社会心理科学，2008（Z1）．
32. 谷宏伟，杨秋平．收入、期望与教育支出：对当前中国家庭教育投资行为的实证分析．宏观经济研究，2013（3）．
33. 谷琳，杜鹏．我国老年人健康自评的差异性分析——基于 2002 年和 2005 年全国老年跟踪调查数据．南方人口，2007（2）．
34. 顾辉．国家和市场语境下的传统社会性别观念回潮//第三期中国妇女社会地位调查论文集（1）．中国妇女出版社，2013.
35. 郭震威，郭志刚，王广州．2003～2050 年农村实行计划生育的老年夫妇人数变动预测．人口研究，2005（2）．
36. 国家统计局．中国人口和就业统计年鉴 2013．中国统计出版社，2013.

37. 国家统计局 .2013 年国民经济和社会发展统计公报 .2014. http：//www. stats. gov. cn/tjsj/zxfb/201402/t20140224 _ 514970. html.

38. 国家统计局 . 第六次全国人口普查主要数据公报（第 1 号）. 2011. http：//www. stats. gov. cn/tjsj/tjgb/rkpcgb/qgrkpcgb/201104/ t20110428_ 30327. html.

39. 国家统计局 . 第五次人口普查数据 . http：//www. stats. gov. cn/ tjsj/pcsj/rkpc/5rp/index. htm.

40. 国家卫生和计划生育委员会 .2013 中国卫生和计划生育统计年鉴 . 中国协和医科大学出版社，2013.

41. 国家人口和计划生育委员会流动人口服务管理司编 . 中国流动人口发展报告 2010. 中国人口出版社，2010.

42. 国家人口和计划生育委员会流动人口服务管理司编 . 中国流动人口发展报告 2011. 中国人口出版社，2011.

43. 国家人口和计划生育委员会流动人口服务管理司编 . 中国流动人口发展报告 2012. 中国人口出版社，2012.

44. 国家卫生和计划生育委员会流动人口服务管理司编 . 中国流动人口发展报告 2013. 中国人口出版社，2013.

45. 何宏，刘灵，杨玉凤 . 单亲家庭儿童个性和学习成绩研究 . 中国现代医学杂志，2006（3）.

46. 贺聪志，叶敬忠 . 农村劳动力外出务工对留守老人生活照料的影响研究 . 农业经济问题，2010（3）.

47. 侯筱菲，毛富强，梁瑞华，冯秀娟，刘霞，刘宏伟，刘佩佩 . 4 种类型单亲家庭亲子心理健康状况分 . 中国学校卫生，2011（6）.

48. 胡宏伟，李玉娇，张亚蓉 . 健康状况、群体差异与居家养老服务保障需求——基于城乡老年人调查的实证分析 . 广西经济干部管理干部学院学报，2011（2）.
49. 胡湛. 当代中国家庭模式的变迁.（2013－9－24）[2014－1－10] http：//fddi. fudan. edu. cn/index. php？c＝dev&a＝info&mid＝331.
50. 加拿大政府网站. 家庭与儿童福利. http：//www. servicecanada. gc. ca/eng/audiences/families/index. shtml.
51. 江克忠，裴育，夏策敏. 中国家庭代际转移的模式和动机研究——基于CHARLS数据的证据. 经济评论，2013（4）.
52. 姜卫平，刘鸿雁. 中国婚姻家庭的变动及其经济社会影响研究//发展中的中国：2010年全国人口普查研究论文集. 国家统计出版社，2013.
53. 姜秀花，牛建林. 中国妇女心理健康状况及其影响因素分析//第三期中国妇女社会地位调查论文集. 中国妇女出版社，2013.
54. 李建民. 中国农村计划生育夫妇养老问题及其社会养老保障机制研究. 中国人口科学，2004（3）.
55. 李强. 关于"农民工"家庭模式问题的研究. 浙江学刊，1996（1）.
56. 联合国经济及社会事务部. 2012世界人口展望（World Population Prospects 2012）. 2013. http：//www. un. org/en/development/desa/population/，http：//esa. un. org/unpd/wpp/index. htm.
57. 联合国秘书长报告"筹备和庆祝2014年国际家庭年二十周年"，United Nations，2013，A/68/61－E/2013/3.
58. 刘晋飞. 农村子女对父母的家庭代际转移研究. 华中科技大学，2012.
59. 刘苓，何思忠，吴云. 不同结构的单亲家庭特征及其儿童心理特征分析. 中国临床心理学杂志，2007（1）.
60. 罗亚萍，史文静，肖阳. 城市居民养老方式的变化趋势、存在问题及对策研究——基于对西安市居民养老方式的调查. 西安交通

大学学报（社会科学版），2013（1）
61. 马春华．变动中的东亚家庭结构比较研究．学术研究，2012（9）．
62. 马春华，石金群，李银河，王震宇，唐灿．中国城市家庭变迁的趋势和最新发现．社会学研究，2011（2）．
63. 马学阳，杨文庄，段成荣．大都市的单亲家庭：数量和基本特征初探——以北京为例．河南教育学院学报（哲学社会科学版），2008（4）．
64. 民政部．2012 年社会服务发展统计公报．2013. http：//cws. mca. gov. cn/article/tjbg/201306/20130600474746. shtml.
65. 民政部政策研究中心．中国城乡困难家庭社会政策支持系统建设蓝皮书（2012）．中国社会出版社，2012.
66. 潘允康．中国城市婚姻与家庭．山东人民出版社，1987.
67. 彭希哲，刘惠芬，胡湛．中国家庭模式变迁的现状及趋势//发展中的中国：2010 年全国人口普查研究论文集．国家统计出版社，2013.
68. 曲嘉瑶，孙陆军．中国老年人的居住安排与变化：2000 ~ 2006. 人口学刊，2011（2）．
69. 全国妇联，国家统计局．第三期妇女社会地位调查主要数据公报．2011. http：//www. china. com. cn/zhibo/zhuanti/ch – xinwen/2011 – 10/21/content_ 23687810. htm.
70. 全国妇联课题组．我国农村留守儿童、城乡流动儿童状况研究报告．人民网 – 中国妇联新闻，2013. http：//acwf. people. com. cn/n/2013/0510/c99013 – 21437965. html.
71. 沈崇麟，杨善华主编．当代中国城市家庭研究——七城市调查报告和资料汇编．中国社会科学出版社，1995.
72. 宋秀岩，甄砚．新时期中国妇女社会地位调查研究（上卷）．中国妇女出版社，2013.
73. 宋月萍，谭琳．女性非农就业能否有效抵御家庭暴力——来自中国农村的证据//第三期中国妇女社会地位调查论文集（1）．中国妇女出版社，2013.
74. 唐灿．家庭现代化理论及其发展的回顾与评述．社会学研究，2010（2）．
75. 唐灿，陈午晴．中国城市家庭的亲属关系——基于五城市家庭结构与家庭关系调查．江苏社会科学，2012（2）．
76. 唐灿，张建．家庭问题与政府责任：促进家庭发展的国内外比较研究．社会科学文献出版社，2013.
77. 唐钧．农村“留守家庭”与基本公共服务均等化．长白学刊，2008（2）．
78. 王广州．独生子女死亡总量及变化趋势研究．中国人口科学，2013（1）．
79. 王海东，方援建，魏云鹏，等．我国计划生育利益导向机制发展现状与政策建议．人口与计划生育，2012（10）．
80. 王金营．中国家庭户类型变迁与态势研究//发展中的中国：2010年全国人口普查研究论文集．国家统计出版社，2013.
81. 王世军．单亲家庭及其对子女成长的影响．学海，2002（4）．
82. 王薇，李安平，胡佩诚．中国婚姻满意度调查及满意婚姻设想．中国性科学，2013（6）．
83. 王学义，廖煜娟．迁移模式对已婚农民工家庭功能的影响——基于家庭亲密度与适应性的视角．城市问题，2013（6）．
84. 王跃生．城乡养老中的家庭代际关系研究——以 2010 年七省区调查数据为基础．开放时代，2012（2）．
85. 王跃生．当代中国家庭结构变动分析．中国社会科学，2006（1）．

86. 王跃生．个体家庭、网络家庭和亲属圈家庭分析——历史与现实相结合的视角．开放时代，2010（4）．

87. 王跃生．家庭结构转化和变动的理论分析——以中国农村的历史和现实经验为基础．社会科学，2008（7）．

88. 王跃生．农村家庭代际关系理论和经验分析——以北方农村为基础．社会科学研究，2010（4）．

89. 王跃生．十八世纪中后期的中国家庭结构．中国社会科学，2000（2）．

90. 王跃生．中国家庭代际关系内容及其时期差异——历史与现实相结合的考察．中国社会科学院研究生院学报，2011（3）．

91. 王跃生，李玉柱．中国城乡家庭结构最新变动、特征和影响因素分析//发展中的中国：2010 年全国人口普查研究论文集．国家统计出版社，2013.

92. 韦燕．性别失衡对婚姻家庭的影响研究//发展中的中国：2010 年全国人口普查研究论文集．国家统计出版社，2013.

93. 卫生部．中国 0～6 岁儿童营养发展报告（2012）．2012. http：//www. baidu. com/link？ url = fTXEJZEH0MS2oTbQSlWuj 2Lz06QL0jQfp5lwIJ3qCB3LGVMXUflQ7 OrqryvRx3X3DhRa – cV2z AAQcU-HM7TkIRWecMrJJp23g37Wba8qwpC_

94. 卫生部．中国卫生统计年鉴（2012）．中国协和医科大学出版社，2012.

95. 卫生部统计信息中心．2008 中国卫生服务调查研究：第四次家庭健康询问调查分析报告．中国协和医科大学出版社，2009.

96. 魏彦彦，孙陆军．失能老年人获得家庭支持现状．中国老年学杂志，2012(16).

97. 吴德清．当代中国离婚现状及发展趋势．中国文物出版社，1994.

98. 吴帆．中国内地支持家庭发展能力建设的社会政策研究//魏雁滨，关信平．华人社会政策与服务：问题与机遇．社会科学文献出版社，2012.
99. 吴帆．中国女性社会经济地位对家庭地位的影响路径分析．学术研究，2014（1）．
100. 吴帆．中国家庭生命周期结构及其政策涵义//发展中的中国：2010 年全国人口普查研究论文集．国家统计出版社，2013.
101. 吴帆，李建民．家庭发展能力建设的政策路径分析．人口研究，2012（4）．
102. 吴帆，李建民．中国人口老龄化和社会转型背景下的社会代际关系．学海，2010（1）．
103. 吴振强，崔光辉，张秀军，孙业垣．老年人家庭功能状况及影响因素分析．中国公共卫生，2009（2）．
104. 武秀杰，武江华，陈金慧．宁波市农村空巢老年人生活状况调查分析．西北人口，2009（2）．
105. 徐安琪．单亲弱势群体的社会援助．江苏社会科学，2003（3）．
106. 徐俊，风笑天．我国第一代独生子女家庭的养老问题研究．人口与经济，2011（5）．
107. 徐秀梅，刘磊，彭志珍，孙祥义，付林，孙录．单亲大学生心理健康状况与家庭环境因素分析．中国民康医学，2011（13）．
108. 许琳，唐丽娜．残障老年人居家养老服务需求影响因素的实证分析——基于西部六省区的调查分析．甘肃社会科学，2013（1）．
109. 颜农秋．单亲家庭的生活困境及社会保障策略．中国社会保障，2004（11）．
110. 颜农秋．珠三角单亲家庭存在的问题及社会对策．人口研究，

2004（6）.
111. 杨菊华．中国性别平等50年：一个生命历程视角分析．改革开放与人口发展论文集．中国人口出版社，2008.
112. 杨菊华，陈传波．流动人口家庭化的现状与特点：流动过程特征分析．人口与发展．2013（3）.
113. 杨菊华，何炤华．社会转型过程中家庭的变迁与延续．人口研究，2014（2）.
114. 杨菊华，李路路．代际互动与家庭凝聚力——东亚国家和地区比较研究．社会学研究，2009（3）.
115. 杨启光．家庭教育资源的内在认知及外在支持．当代青年研究，2007（2）.
116. 杨善华，侯红蕊．血缘，姻缘、亲情与利益——现阶段中国农村社会中“差序格局”的“理性化”趋势．宁夏社会科学，1999（6）.
117. 杨啸．社会流动对半流动家庭婚姻稳定性的影响研究．长沙大学学报，2012（4）.
118. 姚俊．“临时主干家庭”：城市家庭结构的变动与策略化——基于N市个案资料的分析．青年研究，2012（3）.
119. 尹尚菁，杜鹏．老年人长期照护需求现状及趋势研究．人口学刊，2012（2）.
120. 英国政府网站．家庭福利、儿童福利 https：//www. gov. uk/browse/benefits.
121. 袁春钢．浅谈加拿大家庭儿童税收优惠制度．商业会计，2008（16）.
122. 岳红，马晓丽．建国前后冀南农村的早婚现象透视．人民论坛，2010（11）.

123. 张惠，刘堃．老年人健康状况和家庭功能调查．中国老年学杂志，2012（11）．

124. 张文娟，李树茁．农村老年人家庭代际支持研究——运用指数混合模型验证合作群体理论．统计研究，2004（5）．

125. 张翼．中国家庭变迁：特征、问题和对策//唐灿、张建主编《家庭问题与政府责任》．社会科学文献出版社，2013.

126. 张永建．家庭与社会变迁——当代西方家庭史研究新动向．社会学研究，1993（2）．

127. 赵人伟，赖德胜、魏众．从经济转型看我国社会保障体制改革．经济学动态，2006（4）．

128. 中国老龄科研中心．《中国城乡老年人口状况追踪调查》研究报告．2007. http：//www. china. com. cn/news/txt/2007 – 12/17/content_ 9392818. htm.

129. 中国农村劳动力流动百村跟踪调查课题组．中国农村劳动力流动的趋势分析．经济研究参考，1998（6）．

130. 中国市长协会、国际欧亚科学院中国科学中心．中国城市发展报告（2011）．中国城市出版社，2012.

131. 中华人民共和国国务院新闻办公室．中国老龄事业的发展白皮书．2006. http：//news. xinhuanet. com/politics/2006 – 12/12/content_ 5473205. htm.

132. 周福林．我国家庭结构的统计研究．经济经纬，2006（2）．

133. 周福林．我国留守家庭研究．中国农业大学出版社，2006.

BIN TRAVERLER FORM

Cut By: Yorly #24 **Qty** 22 **Date** 11.30.20

Scanned By: ____________ **Qty** ______ **Date** ______

Scanned Batch ID's

____________ ____________ ____________

Notes / Exceptions

____